Mode und Accessoires im Trachten-Stil

Das *Alpenchic* Nähbuch

Mode und Accessoires im Trachten-Stil

Vorwort   7

Romantisch & verspielt   8

Heute treff' ich ihn
Tüllrock mit grünem Futter	10
Hüftgürtel	12
Schößchen	13
Spitzen-Korsage	15
Schulterschmeichler	16
Armstulpen	17
Alpenchic-Medaillon	18

Die Welt erobern
Kuhkleid	20
Stola mit Bommeln	23
Dirndltasche	24
Kropfbänder	26
Knopf-Collier	27

Elegant & edel   28

Edelweiß
Rock	30
Cape	32
Armstulpen	34
Edelweiß-Collier	35
Heckenrosen-Dirndltasche	36

Auf dem Ball
Brokat-Seelenwärmer	38
Federschößchen	41
Puffärmel mit Spitzenbesatz	42
Herzchenkette aus Brokat	43

Sportlich & urban   44

Auf Abenteuerfahrt
Carmenbluse	46
Strumpfbandtasche	49
Eine Bluse, drei Modelle	50

Stadtbummel
Corsage	52
Pompadour-Täschchen	55

Originell
T-Shirt mit Strumpfärmeln	57
Kette mit Swarovski-Herz	58

Aufs Volksfest
Lebkuchenherz-T-Shirt	61
Puffärmel mit Organza-Blüten	62
Lebkuchenherz-Ring	63

Heute bin ich Königin
Königliches T-Shirt	64
Hosenträger auf die Schnelle	66

Handy alpenchic
Handytasche individuell	68
Handytasche mit Knopfleiste „Hemd"	70

Alpenchic für Kids 72

Ich pfeif' auf den Regen
Wendecape	74
Regenhut	76
Blume	77

Für herzige Mädchen
Lebkuchenherz-T-Shirt für Mädchen	78
Schnelles Shirt	80
Mädchen-Puffärmel	81

So schick wie Mama
Kinderträgerrock mit Kuh	83
Mädchen-Kropfband	85

Hüttenschuhe
Hüttenschuhe für Buben	88
Hüttenschuhe für Mädchen	89

Für alle Lagen ausgerüstet
Mädchen-Janker	90
Bedrucktes Kinder-T-Shirt	93
Kinderbluse	94
Mädchen-Rucksack	96
Herzchenkette	96

Draußen daheim
Buben-Janker	98
Buben-Rucksack	101

ABC der Nähtechniken 102

Autorin	112
Impressum	112

Liebe Leserin,

Alpenstyling ist ein angesagter Trend – nicht nur auf den Festwiesen. Mit ihren vielfältigen Varianten von frech bis edel bieten Dirndl & Co. unendlich viele modische Möglichkeiten, einen individuellen Stil zu entwickeln.

Als waschechte Bayerin habe ich natürlich eine ganz persönliche Beziehung zu diesem Modestil. Seit einigen Jahren biete ich nicht nur für die Gäste unseres Familienhotels den Trachtenverleih „Trachtenlust" an – und erlebe immer wieder, mit welcher Freude und Wohlgefühl die Trachten getragen werden. Da ich Modedesign studiert habe, ließ mich das Thema auch auf der kreativen Ebene nicht los, und ich begann, den „Alpenchic" mit Nadel und Faden umzusetzen.

Ob Sie sich gleich ein großes Festoutfit nähen wollen oder lieber mit einem schnell gefertigten Modell beginnen, bleibt Ihnen überlassen. Schon kleine Dinge agieren aber als effektvoller Blickfang: Mit selbst genähtem Trachtenschmuck wie einer schicken Edelweiß-Kette oder einer stylischen Alpenchic-Brosche können Sie jedem Outfit einen zünftigen Touch verleihen. Auch die Kleinen kommen mit Herzerl-Shirts oder im rustikalen Plüsch-Janker gut an – und haben viel modischen Spaß dabei.

Sportlich mit feschen Hosenträgern oder romantisch im langem Trachtenrock: „Alpenchic" bietet viele Variations- und Stylingmöglichkeiten. Ich wünsche Ihnen viel Freude und gutes Gelingen beim Nacharbeiten!

Ihre

Romantisch & verspielt

Zarte Blütenmotive und filigrane Details versprühen ihren ganz eigenen, erfrischenden Charme: Modische Verspieltheit und ein Romantik-Touch sind immer „in" und sorgen für ein besonderes Modefeeling.

Heute treff' ich ihn

Schwarze Spitze ist im Trend! Das Styling wird perfekt mit einem frechen Hut, Kniestrümpfen mit Ajour-Effekt und klassischen High-Heels.

Tüllrock mit grünem Futter

Vorbereiten

Den Saumbeleg längs zur Hälfte umbügeln und an einer Kante 1 cm Nahtzugabe nach innen bügeln.
Alle Futterteile ringsum mit einem Zickzack-Stich versäubern. Der Tüll franst nicht aus und muss deshalb auch nicht versäubert werden.

Nähen

1 Den Reißverschluss in die rechte Seitennaht des Oberstoffs einarbeiten (siehe S. 107).

2 Die linke Seitennaht schließen. Anschließend die Nahtzugabe durchgehend auf 1 cm beschneiden und auseinanderbügeln.

3 Am Futter beide Seitennähte schließen und die Nahtzugaben auseinanderbügeln.

4 Die Taillennaht verstürzen. Dazu Oberstoff und Futter rechts auf rechts aufeinanderlegen und die Taillennaht stecken. Am Futter die Seitennaht im Bereich des Reißverschlusses auftrennen und sichern. Die Nahtzugaben an Anfang und Ende um den Reißverschluss herum legen.

5 Nun die Taillennaht steppen und dabei Oberstoff und Futter rechts auf rechts zusammennähen. Nahtzugaben auseinanderbügeln, zusammenklappen und nochmals von links ausbügeln. An der linken Seitennaht die Nahtzugaben von Futter und Oberstoff direkt in der Seitennaht ca. 5 cm lang zusammennähen.

Zuschneiden
Oberstoff- und Futterteile sind gleich lang.
Ein Saumbeleg verlängert das Futter.

OBERSTOFF
2x Schnittteil „Vorder- und Rückenteil" im Bruch in der Variante „Knielänge"
2x Schnittteil „Taillenbeleg" im Bruch

FUTTERSTOFF
2x Schnittteil „Rückenteil" im Bruch in der Variante „Knielänge"

KAROSTOFF
Saumbeleg 8 cm x 170 cm, Nahtzugabe bereits eingerechnet.

Nahtzugaben
Am Reißverschluss mit 2 cm Nahtzugabe, sonst mit 1 cm Nahtzugabe zuschneiden.

Schnittmusterbogen B

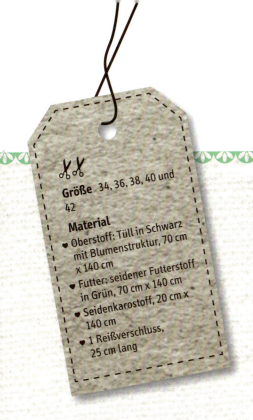

Größe 34, 36, 38, 40 und 42

Material
- Oberstoff: Tüll in Schwarz mit Blumenstruktur, 70 cm x 140 cm
- Futter: seidener Futterstoff in Grün, 70 cm x 140 cm
- Seidenkarostoff, 20 cm x 140 cm
- 1 Reißverschluss, 25 cm lang

6 Den Saumbeleg rechts auf rechts mit der nicht umgebügelten Seite an den Futtersaum stecken. In 1 cm Breite feststeppen. Dort, wo sich die Enden des Saumbelegs treffen, nur an beiden Enden 2 cm Nahzugabe nach oben legen. Nahtzugabe vorsichtig in den Saumbeleg bügeln. Saumbeleg nach innen legen, feststecken und schmalkantig absteppen.

7 Am Saum nun den Tüll entsprechend des Musters beschneiden. D. h. den unbestickten Rand des Stoffes vorsichtig dem Musterverlauf folgend abschneiden. Ein weiteres „Versäumen" ist nicht notwendig.

Romantisch & verspielt 11

Hüftgürtel

Vorbereiten
Alle Teile an den Seitennähten rechts auf rechts aneinanderstecken. Am rückwärtigen Futterteil in der Rückenmitte die Rehapplikation aufbügeln.

Nähen
1 Die Seitennähte an Oberstoff und Futter in 1 cm Breite schließen. Nahtzugaben auseinanderbügeln. An einer Seitennaht des Futters eine Öffnung zum Wenden offen lassen.

2 Klettverschluss wie im Schnitt eingezeichnet annähen. Wenn der Gürtel fertig ist, liegt der Klettverschluss direkt an der vorderen Kante am Filzteil.

3 Oberstoff und Futter rechts auf rechts zusammenstecken und in 1 cm Breite zusammennähen. An den Ecken die Nahtzugabe quer abschneiden. Durch die Öffnung in der Seitennaht vorsichtig wenden. Die Enden mit einer Scherenspitze vorsichtig nach außen drücken und sauber bügeln.

4 Knöpfe an die vordere Kante des mittleren Seitenteiles (= Übertritt) von Hand nähen. „Alpenchic-Brosche" mit der Anstecknadel in der Nähe der Seitennaht anstecken.

Tipp: Dieser Gürtel kann von beiden Seiten benutzt werden. Wenn Sie das öfter vorhaben, lieber flache Knöpfe oder Applikationen an die vordere Kante nähen – vielleicht sogar von beiden Seiten.

Zuschneiden
FILZ
1x Schnittteil „Rückenteil" im Bruch
1x Schnittteil „mittleres Vorderteil"
1x Schnittteil „seitliches Vorderteil"

SEIDEN-KAROSTOFF
1x Schnittteil „Rückenteil" im Bruch
1x Schnittteil „mittleres Vorderteil"
1x Schnittteil „seitliches Vorderteil"

Nahtzugaben
Alle Teile mit 1 cm Nahtzugabe zuschneiden.

Schnittmusterbogen B

Größe 34, 36, 38, 40, 42

Material
- Leichter Seidenstoff in Grün kariert, 25 cm x 140 cm
- Futter: Filz in Ecru, 25 cm x 45 cm
- 2 cm breiter Klettverschluss, 8 cm
- je 2 Metallknöpfe mit Ornamenten und Rosenknöpfe aus Metall
- 1 „Alpenchic-Brosche"
- 1 Reh-Applikation

Schößchen

Vorbereiten

An beiden Rüschen den Saum 2x 1 cm umbügeln und feststecken.
An Rüsche 2 zusätzlich die obere Kante mit Zickzack-Stich versäubern. Alle kurzen Seitenkanten 2x 1 cm nach innen schlagen, bügeln und feststecken.
Jeweils die Mitte der Rüschen mit einer Nadel markieren. Die Mitte der Schößchenbasis ebenso markieren.

Nähen

1 An beiden Rüschen alle Seiten- und Saumnähte schmalkantig absteppen.

2 Rüsche 1 links auf rechts direkt an die obere Kante der Schößchenbasis anlegen. An den Seitenkanten des Schößchens 4 cm Rüsche um die Schößchenbasis herumklappen und feststecken. Die Mitten (Nadelmarkierungen) treffen aufeinander, feststecken. Die restliche Mehrweite in Falten legen und gleichmäßig verteilen. Nun diese Rüsche 1 cm von der Kante entfernt auf die Filzbasis steppen.

3 Rüsche 2 unter die Ansatzlinie von Rüsche 1 stecken. Auch hier treffen die Mitten aufeinander. Nun 0,8 cm von der Rüschenkante entfernt die Rüsche aufsteppen. Darauf achten, dass die Schößchenbasis nicht hervorschaut.

4 2 große Knöpfe laut Musterzeichnung von Hand auf den Hüftgürtel nähen.

5 Entsprechend der Musterzeichnung zwei Schlaufen von Hand an das Schößchenteil nähen (siehe S. 108). Das Schößchenteil an den Gürtel knöpfen – umwerfend!

Größe 34-42

Material
- Mitteldicker Filz in Ecru, Rest
- Rüsche 1: Seidener Futterstoff in Grün, Rest des Futters vom Tüllrock, 10 cm x 50 cm
- Rüsche 2: Deko-Stoff, 12 cm x 30 cm
- 2 Knöpfe

Zuschneiden
FILZ
1x Schnittteil „Schößchenbasis"

RÜSCHE 1
1x Rechteck 10 cm x 50 cm so zuschneiden, dass die Webkante eine der Längsseiten bildet

RÜSCHE 2
1x Rechteck 12 cm x 30 cm

Nahtzugaben
Die Nahtzugaben sind bei den angegebenen Maßen schon eingerechnet.

Schnittmusterbogen B

Spitzen-Korsage

Vorbereiten

An einem Spitzenstoffrest eine Bügel- und Nähprobe machen, damit man den Stoff nicht falsch behandelt.
Alle Teile ringsum mit Zickzack-Stich versäubern. Das Haken-Ösen-Band mit 2 cm Nahtzugabe zuschneiden. Dafür oben und unten einmal Haken und Ösen abtrennen. An der vorderen Kante die Nahtzugabe nach innen umbügeln und feststecken.

Zuschneiden
OBERSTOFF 1
2x Schnittteil „mittleres Vorderteil" ohne Knopflöcher
2x Schnittteil „seitliches Vorderteil"
2x Schnittteil „seitliches Rückenteil"

OBERSTOFF 2
1x Schnittteil „mittleres Rückenteil" im Bruch

Nahtzugaben
Vorderteile an den vorderen Kanten mit 1,5 cm Nahtzugabe, sonst alle Teile mit 1 cm Nahtzugabe zuschneiden.

Schnittmusterbogen A

Nähen

1 Alle Teile 1 cm breit rechts auf rechts aneinandernähen: Die seitlichen Rückenteile an das mittlere Rückenteil, die seitlichen Vorderteile an die seitlichen Rückenteile und die mittleren Vorderteile an die seitlichen Vorderteile. Die Nähte vorsichtig von links bügeln. Die Nahtzugaben zusammen auf eine Seite legen.

2 Direkt an die vordere Kante des rechten Vorderteils das Ösenband nähen, die 2 cm Nahtzugabe nach innen klappen, und an das linke Vorderteil das Hakenband ebenso annähen. Die Naht endet vom unteren Saum und der oberen Ausschnittkante 1 cm entfernt.

3 Die Elastikrüsche rechts auf rechts an die Ausschnittkante legen und diese nicht gedehnt in 1 cm mit Zickzack-Stich aufnähen. Die Rüsche nach oben klappen und mit einer zweiten Zickzacknaht darübernähen. An den Enden jeweils 1,5 cm Nahtzugaben nach innen klappen.

Größe 34/36, 38/40 und 42

Material
- Oberstoff 1: Spitzenstoff in Schwarz, 50 cm x 120 cm
- Oberstoff 2: Jersey in Schwarz, 35 cm x 120 cm
- Haken-Ösen-Band mit Rüsche (Breite ohne Rüsche ca. 3 cm), 50 cm
- 2 cm breite Elastikrüsche, 95 cm
- Träger: 0,5 cm breites Samtband, 2x 30 cm

4 Den Saum vorsichtig 1 cm nach innen umbügeln und feststecken. Den Saum mit Zickzack-Stich schmalkantig festnähen.

5 Nun die Träger an der vorderen und hinteren Teilungsnaht von Hand oder mit der Maschine annähen. Die Träger im Rücken verkreuzen, dann rutschen sie nicht so leicht.

Tipp: Möchten Sie eine steife Korsage, dann müssen Sie nur die Spitzen-Teile mit dem farblich gleichen Petticoat-Tüll verstärken.

Hinweis: Dank des Jerseys in Rückenmitte müssen Sie die Korsage nicht jedes Mal zum An- oder Ausziehen öffnen!

Romantisch & verspielt 15

Zuschneiden
TÜLLSTOFF
1x Rechteck 150 cm x 37 cm

Nahtzugaben
Die Nahtzugaben sind beim angegebenen Maß schon eingerechnet.

Größe 146 cm x 27 cm

Material
- beflockter Tüll mit Wattierung und Pannesamtfutter in Schwarz mit Blumenmuster, 50 cm x 150 cm
- 4 cm breiter Klettverschluss in Schwarz, 9 cm
- 1 „Alpenchic-Medaillon"

Schulterschmeichler

Vorbereiten

Am Schulterschmeichler ringsum alle Kanten mit Zickzack-Stich versäubern. Kanten nach Vorlage am Saum oben und unten 5 cm, an den Seiten 2 cm nur nach innen umlegen und feststecken. Nicht bügeln, sonst werden die Kanten zu platt gedrückt.

Nähen

1 An den Ecken den Saum rechts auf rechts nach außen umklappen. Nun 2 cm vom Rand entfernt dieses Stück absteppen (siehe S. 108). Wenn dies an allen 4 Ecken erledigt ist, den Saum wieder nach innen wenden. Die Ecken von innen vorsichtig z. B. mit der Scherenspitze herausdrücken und ausformen.

2 Nun ringsum von Hand oder mit der Maschine die Säume von außen unsichtbar festnähen.

3 Am Übertritt eine 3,5 cm tiefe Falte legen und absteppen. Parallel zur vorderen Kante im Abstand von 2 cm das Klettband mittig auf die Rückseite des Übertritts nähen.

4 Den Schulterschmeichler um die Schultern legen und markieren, wo das Flauschband platziert werden muss, annähen. Diese Seite wird nicht mit einer Falte zusammengehalten.

5 Am Übertritt ein „Alpenchic-Medaillon" mit einer Anstecknadel befestigen.

Tipp: Der Schulterschmeichler sieht auch über einer Jeansjacke super aus! Dazu passt dann ganz besonders gut ein Pompadour-Täschchen.

Armstulpen

Nähen

1 Die Elastikrüsche mit Zickzack-Stich rechts auf rechts in 1 cm Breite an die vorderen Ärmelkanten nähen. Die Rüsche hochklappen und mit Zickzack-Stich schmalkantig festnähen.

2 Die innere Naht in 1 cm Breite rechts auf rechts schließen und die Nahtzugaben auseinanderbügeln.

3 Die Armstulpen vorsichtig wenden.

Tipp: Wenn kein elastischer Stoff verwendet wird, müssen die Armstulpen evtl. noch etwas enger genäht werden. Einfach ausprobieren!

Zuschneiden
TÜLLSTOFF
2x Schnittteil „Ärmel"

Nahtzugaben
An den Seitennähten mit 1 cm Nahtzugabe zuschneiden.

Schnittmusterbogen A

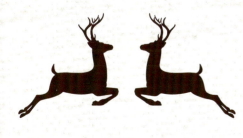

Größe 30 cm lang

Material
♥ beflockter Tüll mit Wattierung und Pannesamtfutter mit Blumenmuster, 60 cm x 30 cm
♥ Elastikrüsche in Schwarz, 2x 24 cm

Romantisch & verspielt 17

Alpenchic-Medaillon

Vorbereiten

Den Karostoff der Länge nach zur Hälfte falten und bügeln. An beiden Längsseiten 1 cm nach innen umbügeln und feststecken.

Zuschneiden
FILZ
1x Schnittteil „Medaillon-Filzbasis"

RÜSCHE
1x Rechteck 50 cm x 10 cm

Nahtzugaben
Alle Teile ohne Nahtzugaben zuschneiden.

Schnittmusterbogen B

Nähen

1 Die kurze Seite an der Rüsche rechts auf rechts gelegt in 1 cm Breite schließen. Dadurch entsteht ein Ring. Die Nahtzugaben auseinanderbügeln. Die Goldpaspel zwischen die Längskanten der Rüschenteile legen und die Paspel schmalkantig zwischen die Rüsche nähen.

2 An der gegenüberliegenden Kante der Rüsche Reihfäden einziehen und raffen (siehe S. 108). Die Rüsche so weit zusammenziehen, dass in der Mitte noch ca. 1 cm offen bleibt. Nun die Rüsche mittig auf die Filzbasis stecken und mit Steppstich auf die Basis nähen, den Reihfäden folgend.

3 Die Tüllband-Blüte auf die Mitte der Rüsche legen und mit einigen Zickzack-Stichen in der Mitte befestigen.

4 Die Mitte des Satinbandes auf die Mitte der Blüte legen und mit Zickzack-Stichen festnähen.

5 Aus dem roten Samtband eine Schleife binden und sie mit einigen Stichen ca. 2 cm unterhalb der Mitte befestigen. Vorsicht: Satinband nicht mitfassen!

6 Nun das Satinband aufklappen. Etwas Klebstoff auf die Mitte geben und ein Kunststofftier darauflegen. Das Tier um den Bauch mit dem Satinband festknoten. Darüber eine Schleife binden.

7 Auf der Rückseite die Anstecknadel von Hand festnähen.

Größe ø 9 cm

Material
- 0,5 cm dicker Filz in Rot, Rest
- Rüsche: Karo-Seidenstoff in Rot, 50 cm x 10 cm
- 1 cm breite Goldpaspel, 50 cm
- 0,5 cm breites Satinband in Ecru, 20 cm
- 1 Blüte von Blüten-Organza oder auf Tüllband-Meterware, ausgeschnitten
- 1 cm breites Samtband in Rot, 20 cm
- 1 Anstecknadel zum Annähen
- 1 Kunststofftier, z. B. Rehkitz
- Klebstoff

Tipps: Sie können nach demselben Prinzip auch ovale Medaillons fertigen oder die Dekoration variieren. Das Prinzip bleibt immer gleich. Ein Hintergrund, ein Band zum Festbinden des Tierchens und etwas Schmuck zum Rausputzen!

Auch Ringe können Sie so wunderbar herstellen. Ich benutze dann eine kleine Ringscheibe oder sogar ein kleines Herz. Gold- oder Silberzackenlitze verstärkt den Eindruck eines Schmuckstückes noch!

Romantisch & verspielt

Die Welt erobern

Durch und durch „alpenchic": Tolle Stoffe mit ungewöhnlichen Mustern und Strukturen können auch mal ausgefallen kombiniert werden. Feminine Details und Accessoires machen dieses Outfit zum Highlight!

Kuhkleid

Vorbereiten

Alle Kanten außer an den Trägern ringsum mit Zickzack-Stich versäubern.

Vorder- und Rückenteilsäume 3 cm nach innen bügeln und feststecken. Taschenneingriff 2x 1 cm breit nach innen umbügeln. Dann Taschen ringsum 1 cm breit umbügeln.

Träger jeweils an beiden langen Seiten 1 cm breit nach innen umbügeln, dann längs zur Hälfte umbügeln und feststecken.

Nähen

1 Die Abnäher im Vorder- und Rückenteil schließen (siehe S. 104). Die Naht in der Rückenmitte schließen und die Nahtzugaben auseinanderbügeln. Die Saumbelege rechts auf rechts an das entsprechende Teil steppen: Vorderteil-Saumbeleg an das Vorderteil, Rückenteil-Saumbeleg an das Rückenteil. Die Nahtzugabe ins Saumteil bügeln und diese Naht schmalkantig absteppen.

Größe 34, 36, 38, 40, 42 und 44

Material
- Oberstoff: kräftiger mitteldicker Stoff, 140 cm x 150 cm
- Saumbeleg: Dekostoff in Karomuster, 140 cm x 30 cm
- 1 Reißverschluss, 45 cm lang
- 2 Rosenknöpfe

2 Den Reißverschluss in das Vorderteil einarbeiten: Dazu den Steppstich der Nähmaschine auf die größtmögliche Stichlänge oder sogar Heftstich einstellen. Nun ohne zu vernähen die Öffnung für den Reißverschluss bis zum markierten Reißverschlussende zunähen. Dann den Stich wieder auf die gewohnte Länge stellen. Den Anfang vernähen – dabei unterhalb des markierten Reißverschlussendes bleiben – und den Rest der Naht bis zum Saum nähen. Die Nahtzugaben auseinanderbügeln. Nun die Öffnung für den Reißverschluss wieder auftrennen. Den Reißverschluss zum Einnähen öffnen. Zuerst das linke Reißverschlussband bei geöffnetem Reißverschluss einnähen: den Beginn der Reißverschlusszähnchen 1 cm unter die vordere Kante des linken Vorderteils stecken, dabei die Nahtzugabe für den Vorderteilbeleg bedenken. Das Vorderteil so festgesteckt unter das Nähmaschinenfüßchen legen und die Nadel in die rechte Nadelposition bringen. So kann näher am Reiß-

Zuschneiden
OBERSTOFF
2x Schnittteil „Vorderteil", gegengleich
2x Schnittteil „Vorderteilbeleg", gegengleich
2x Schnittteil „Rückenteil", gegengleich
2x Schnittteil „Rückenteilbeleg", gegengleich
2x Schnittteil „Träger"
2x Schnittteil „Rückenteil-Tasche" (am besten im schrägen Fadenlauf)

SAUMBELEG
2x Schnittteil „Vorderteil-Saumbeleg"
2x Schnittteil „Rückenteil-Saumbeleg"

Nahtzugaben
Am Vorderteil und dem Vorderteilbeleg an der vorderen Mitte für Reißverschluss 2 cm, am Saum 3 cm, am Taschenneingriff 2x 1 cm, an allen anderen Kanten mit 1 cm Nahtzugabe zuschneiden.

Schnittmusterbogen B

Romantisch & verspielt 21

Stola mit Bommeln

Vorbereiten

Die Scheiben für die Bommel zuschneiden. Von Hand oder mit der Nähmaschine außen einen Reihfaden nähen, einige Zentimeter Ober- und Unterfaden hängen lassen. Jeweils ein Kordelstück mit Zickzack-Stich an den Rand nähen. In die Mitte der Scheibe eine Kugel Füllwatte legen. Die Reihfäden vorsichtig zuziehen und so die Scheibe zum Bommel formen. Bei Bedarf noch etwas Füllwatte dazugeben. Die Reihfäden in eine Nähnadel einfädeln und die Bommel vollständig verschließen.

Zuschneiden
WEBPELZ
1x Rechteck 35 cm x 150 cm
BAUMWOLLSAMT
1x Rechteck 35 cm x 150 cm
12 Scheiben für Bommel
(= Schnittteil der Filzbasis „Alpenchic-Brosche" ohne Nahtzugabe)

Nahtzugaben
Die Nahtzugaben sind beim angegebenen Maß schon eingerechnet.

Schnittmusterbogen B

---

verschluss gearbeitet werden. Nun die ersten 2 cm in ca. 0,7 cm Breite steppen. Im weiteren Verlauf den offenen Reißverschluss gerade unter das Füßchen legen und ihn locker und ohne zu ziehen mit der Vorderteil-Kante abdecken. 1 cm länger als die vorgesehene Öffnung den Reißverschluss fertig einsteppen, die Nähnadel im Stoff stecken lassen, aber das Nähfüßchen anheben. Nun den Reißverschluss unter dem Füßchen schließen. Nun das Teil um 90 Grad drehen. Ca. 3 Stiche bis zur vorderen Mittelnaht nähen, danach nochmals 3 Stiche, um den gleichen Abstand wie auf der anderen Seite zu haben. Nun nochmals das Teil um 90 Grad drehen und das rechte Reißverschlußband festnähen. An der oberen Kante müssen Stoff und Reißverschluss übereinstimmen. Mit Rückstichen das Nahtende sichern und von links über den Reißverschluss bügeln. Geschafft!

3 Den umgeschlagenen Tascheneingriff schmalkantig absteppen. Mit großen Stichen an den Rundungen der Taschen Reihfäden einarbeiten (siehe S. 108) und diese etwas ziehen, bis die Rundungen sich leichter legen lassen. Die Nahtzugabe 1 cm breit nach innen umbügeln. Die Taschen auf das Rückenteil aufstepppen.

4 Die Träger mit der Naht nach oben mit Nadeln auf der linken Seite von Vorderteil und Rückenteil fixieren, sodass der Träger nach unten über Vorder- und Rückenteil reicht.

5 Das Vorderteil und Rückenteil rechts auf rechts aufeinanderlegen und beide Seitennähte schließen; dabei die hochgebügelten Säume wieder etwas aufklappen. Nahtzugaben auseinanderbügeln.

6 Die kurze Rückenmitten-Naht am Rückenteilbeleg schließen und dann die Belege an den Seitennähten zusammennähen. Den Beleg rechts auf rechts am geöffneten Reißverschluss anlegen. Nun die 2 cm Nahtzugabe des Vorderteilbeleges um die Zähnchen des Reißverschlusses herum auf die linke Stoffseite schlagen. In 1 cm Abstand von der oberen Kante den Beleg ringsum feststeppen. Seitennähte treffen auf Seitennähte, die Träger sind dazwischengefasst. Den Beleg nach oben legen und die Nähte auseinanderbügeln. An der vorderen Kante die Nahtzugabe des Belegs so einschlagen, dass sie den Reißverschluss beim Schließen nicht behindert, und sie auf der Nahtlinie des Reißverschlusses feststeppen. In der Rückenmitte den Beleg von rechts mit einigen Stichen auf das Rückenteil steppen.

7 Den Saum 3 cm breit von innen absteppen.

8 Die Knöpfe von Hand vorne an den Träger nähen.

Hinweis: Die Teilungsnaht-Linie im Schnittmuster für Vorder- und Rückenteil ist für den Saumbeleg.

Tipp: Auch aus Jeansstoff ist das ein super Modell, das mit Borten, Bändern, Applikationen oder farbig abgesetzten Steppnähten gestaltet werden kann.

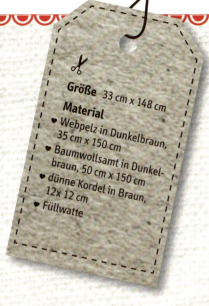

Größe 33 cm x 148 cm

Material
- Webpelz in Dunkelbraun, 35 cm x 150 cm
- Baumwollsamt in Dunkelbraun, 50 cm x 150 cm
- dünne Kordel in Braun, 12x 12 cm
- Füllwatte

Nähen

1 Die Bommel an der Kordel gleichmäßig verteilt an beide kurze Kanten des Webpelzes nähen (jeweils 6 Bommel pro Kante), und zwar so, dass die Bommel nach innen auf dem Webpelz liegen.

2 Webpelz und Samt rechts auf rechts aufeinanderstecken, dabei liegen die Bommel innen, und in 1 cm Breite zusammensteppen. An der Längsseite eine Öffnung von ca. 15 cm Länge zum Wenden lassen.

3 Wenden, Ecken ausformen und die Öffnung von Hand unsichtbar schließen.

Tipp: Eine Stola wird zum Muff: Legen Sie sich die Hälfte über den Unterarm. Holen Sie von innen (Körperseite) den Rest nach oben. Wer mag, kann den Muff mit Sicherheitsnadeln oder einigen Stichen fixieren.

Romantisch & verspielt 23

Dirndltasche

Vorbereiten

Mit Nadeln die Taschenmitte markieren. Am offenen Teil nach der Markierung mittig die Klettverschlüsse aufstecken. Das Taschenteil wenden und auf dieser Seite weiterarbeiten. Ca. 6 cm vom oberen Rand entfernt die Federborte aufstecken, darüber das kürzere Stück Klöppelspitze stecken.

Die Papierschablone platzieren, darum herum das längere Klöppelspitzenteil in Rüschen legen. Alles feststecken. An den Rändern nur die Spitze etwas überlappen lassen, oder den Anfang unter einem Blütenblatt des Edelweißes kaschieren. Ein großes Edelweiß (siehe Collier, S. 35) nach eigenen Wünschen fertigen, etwa wie hier mit Holzperlen bestickt.

Zuschneiden

FILZ
1x Schnittteil „Tasche"
2x Schnittteil „Seitenteil"
1x Schnittteil „Edelweiß groß"
1x Schnittteil „Edelweiß mittel"

PAPIER
1x Schnittteil „Medaillon"

Nahtzugaben

Alle Teile außer die Edelweißteile und das Papiermedaillon mit 1 cm Nahtzugabe zuschneiden, die Edelweißteile und das Papiermedaillon ohne Nahtzugaben zuschneiden.

Schnittmusterbogen B

Nähen

1 Die Klettverschlüsse an die Tascheninnenseite steppen, die Borten und Spitzen außen aufnähen. Die Federborte mit der abgedeckten Spitze mit Zickzack-Stich aufnähen. Die Klöppelspitze rund um das Medaillon aufsteppen. Dann die Papierschablone entfernen. Die Fantastic-Plastic-Knöpfe (siehe S. 105) über dem Medaillon von Hand annähen. Das Edelweiß mittig ins Medaillon legen und von Hand festnähen.

2 Nun die Seitenteile rechts auf rechts mit der geraden breiteren Seite an das Taschenteil zwischen die Bodenmarkierungen legen. Nur dieses Stück Naht in 1 cm Breite schließen. Dabei von beiden Rändern rechts und links 1 cm entfernt bleiben.

3 Ein Seitenteil nach oben legen. Dort trifft die obere Kante des Seitenteiles die obere Kante des Taschenteiles. Diese Naht rechts auf rechts 1 cm breit zusteppen. Diesen Vorgang an den drei übrigen Kanten wiederholen.

Größe 25 cm x 35 cm

Material
- 5 mm dicker Filz in Ecru, 45 cm x 90 cm
- 4 cm Klettverschluss
- 1 fertiges Lederhenkelpaar
- Federborte, 35 cm
- 1,5 cm breite Klöppelspitze, 35 cm und 60 cm
- 3 Fantastic-Plastic-Knöpfe
- Papier für Schablone
- evtl. kleine Holzperlen

4 Von Hand den vorgefertigten Lederhenkel mit Steppstich und einem dickeren Faden (z. B. Knopflochgarn), der gleich doppelt genommen werden kann, an die obere Kante nähen. Tasche wenden.

Romantisch & verspielt

Kropfbänder

Anleitung

Für ein Kropfband von einem breiten Samt- oder Satinband so viel abschneiden, dass es locker um Ihren Hals passt und noch 2 cm Mehrweite für den Klettverschluss eingerechnet sind. An beide Enden einen Klettverschluss nähen.

1 Für das Zierstück in der Mitte lassen Sie Ihrer Fantasie freien Lauf: eine genähte Blüte, ein Edelweiß aus Filz, ein Alpenchic-Medaillon, eine fertige Applikation …

Tipp: Wechselkropfbänder bringen schnelle Abwechslung: Ein Magnetknopf am Kropfband – mehrere Gegenstücke an Blumen oder Applikationen anbringen.

Tipp: Verzieren Sie gekaufte Strümpfe am Bündchen mit Bändern und Applikationen oder einer Stoffblüte. So werden die Strümpfe schnell zum Alpenchic-Accessoire.

✂ **Größe** Länge insgesamt 115 cm, Mittelstück 15 cm x 18 cm

Material
- Basis Knopfcollier: 0,5 cm dicker Filz in Schwarz, 20 cm x 45 cm
- Filz in Pink, Rot, Weiß, Gelb und Hellblau, Reste
- 18 Knöpfe in verschiedenen Größen, Formen und Farben: 2x 2 gleiche Knöpfe ø 34 mm, 3 gleiche Knöpfe ø 28 mm und 2 derselben Art ø 20 mm, 2 gleiche Knöpfe ø 25 mm, 2 gleiche Knöpfe ø 22 mm, jeweils 1 gleicher Knopf ø 15 mm, 20 mm und 25 mm, 1 Knopf ø 15 mm, 1 Knopf ø 10 mm
- 1 cm breites Satinband in Schwarz, 2x 55 cm

Zuschneiden
FILZ
1x Schnittteil „Basis Knopfcollier"
2x Schnittteil „große Filzscheibe"
4x Schnittteil „mittlere Filzscheibe"
2x Schnittteil „kleine Filzscheibe"

Nahtzugaben
Alle Teile werden ohne Nahtzugabe zugeschnitten.

Schnittmusterbogen A

Knopf-Collier

Nähen

1 Das Satinband auf die Collierbasis nach Vorlage an die oberen Ränder nähen.

2 Erst die Filzscheiben, dann die Knöpfe nach Vorlage oder Wunsch auf der Basis arrangieren und sie von Hand aufnähen.

Tipp: Auf ähnliche Weise können Sie ein Applikationen-Collier machen. Dazu bügeln Sie auf die „Basis Collier Filzapplikationen" verschiedene Applikationen nach Geschmack auf. Die Filz-Zwischenscheiben können Sie dabei weglassen.

Romantisch & verspielt

Elegant & edel

Für einen besonderen Anlass darf ein Hauch Extravaganz beim Festoutfit nicht fehlen: Zarte Spitze, klassische Schnitte mit viel Liebe zum Detail und raffinierte Accessoires, die das Dekolleté topmodisch in Szene setzen.

Edelweiß

Ganz elegant und feminin: Zarte Farben und edle Stoffe ergänzen sich perfekt. Mit dem passenden Schmuck ein großer Auftritt!

Rock

Größe 34, 36, 38, 40 und 42

Material
- Oberstoff: fester Baumwollstoff in Ecru, 200 cm x 150 cm
- 1 Reißverschluss, 25 cm lang

Vorbereiten

Die Säume an Vorderteil und Rückenteil 3,0 cm breit nach innen umbügeln und feststecken. Alle Kanten mit Zickzack-Stich versäubern.

Zuschneiden
OBERSTOFF
2x Schnittteil „Vorder- und Rückenteil" im Bruch
2x Schnittteil „Taillenbeleg" im Bruch

Nahtzugaben
Vorderteil und Rückenteil am Saum mit 3 cm Nahtzugabe, Vorderteil und Vorderteilbeleg am Reißverschluss mit 2 cm, an allen anderen Kanten mit 1 cm Nahtzugabe zuschneiden.

Schnittmusterbogen B

Nähen

1 Mit dem Einarbeiten des Reißverschlusses in die rechte Seitennaht beginnen: Dazu die beiden Rockteile rechts auf rechts aufeinanderlegen und, ohne zu vernähen, mit einem Steppstich vom Bund bis 1 cm vor dem Reißverschluss-Ende die Öffnung zunähen, in die der Reißverschluss eingenäht werden soll. Dann den Stich wieder auf Nähstichlänge stellen, die Naht sichern und nun weiter in 1 cm Breite bis zum Saum nähen. Nun die Nahtzugaben sorgsam auseinanderbügeln und die großen Stiche wieder auftrennen. Nun ist die Naht perfekt vorbereitet.

2 Reißverschluss einnähen (siehe S. 107).

3 Nun gegengleich die andere Seitennaht schließen. Anschließend die Nahtzugabe auf 1 cm beschneiden und versäubern.

4 Vorderteil- und Rückenteilbeleg an der linken Seitennaht in 1 cm Breite rechts auf rechts zusammensteppen.

5 Nun den Reißverschluss öffnen und den Beleg rechts auf rechts an die Taillenkante legen. Die 2 cm Nahtzugabe um den Reißverschluss klappen und feststecken. Alles in 1 cm Breite feststeppen. Wenden, die Nahtzugaben auseinanderbügeln. Die Nahtzugabe des Beleges genau auf der Naht an den Reißverschluss nähen.

6 Die Säume von Hand oder mit der Maschine von innen festnähen.

Tipp: Dieses Modell sieht besonders elegant aus, wenn in der vorderen Mitte ein breites Bortenband angebracht wird. Nur am Bund feststecken und lose fallen lassen.

Hinweis: Auf dem Schnittmusterbogen gibt es eine Variante des Rocks in knieumspielender Länge.

Elegant & edel

Cape

Vorbereiten

Am Wollplüsch vor Beginn eine Näh- und Bügelprobe machen! Den Kragen am Umbruch umbügeln.

Nähen

1 An Oberstoff und Futter die Teilungsnähte (nicht die Seitennähte!) an Rückenteil und Vorderteil schließen, dabei die Schlitze am Vorderteil wie auf dem Schnittmuster eingezeichnet offen lassen. Nahtzugaben auseinanderbügeln.

2 Schlitze arbeiten: Futter-Schlitz auf Oberstoff-Schlitz rechts auf rechts stecken und in 1 cm Breite nur die Naht innerhalb der Schlitze nähen. Alle 4 Schlitznähte so arbeiten. Wenden und bügeln.

3 Webband an der vorderen Teilungsnaht am Schlitz entlang aufstecken und an beiden Seiten schmalkantig aufsteppen.

4 Vorderteil und Rückenteil des Oberstoffs rechts auf rechts aufeinanderlegen und beide Schulternähte 1 cm breit schließen. Nahtzugaben auseinanderbügeln. Dasselbe beim Futter wiederholen, dabei jedoch eine Öffnung zum Wenden lassen.

Größe 36/38, 40/42 und 44/46

Material
- Oberstoff: Wollplüsch in Natur, 130 cm × 150 cm
- Futter: Buntgewebe in Rosa-Weiß kariert, 130 cm × 150 cm
- 6 cm breites Webband „Heckenrose", 140 cm
- 1 Posamentenverschluss

5 Den Kragen rechts auf rechts legen. Die vorderen kurzen Kanten schließen. Den Kragen wenden und vorsichtig die Ecken des Kragens mit der Scherenspitze nach außen drücken. Den Kragen rechts auf rechts an die Kragenansatznaht des Plüschs stecken; mit dem Futterstoff rechts auf rechts überdecken. An Plüsch und Futter 1 cm von der vorderen Kante entfernt arbeiten, um später das Verstürzen zu ermöglichen. Nun alles bis zur Schulternaht zusammensteppen – bis zur Schulternaht. Direkt an der Schulternaht die Nadel in die tiefste Position bringen, das Nähfüßchen anheben und das Cape drehen. Das Nähfüßchen wieder absenken; Stich für Stich weiternähen bis zur zweiten Schulternaht. Die Nadel wieder in die tiefste Position bringen, Nähfüßchen anheben, Cape drehen und Nähfüßchen absenken, die Naht weiter nähen. So kann diese Naht faltenfrei beendet werden – man ist nun wieder 1 cm von der vorderen Kante entfernt angekommen. An den extremen Rundungen mit einer Schere die Nahtzugabe quer zur Naht einschneiden. Nun vorsichtig den Kragen abbügeln.

Zuschneiden
Beim Wollplüsch die Strichrichtung beachten, d. h. alle Schnittteile in eine Richtung legen.

OBERSTOFF
2x Schnittteil „mittleres Vorderteil", gegengleich
2x Schnittteil „seitliches Vorderteil", gegengleich
2x Schnittteil „seitliches Rückenteil", gegengleich
1x Schnittteil „mittleres Rückenteil" im Bruch
1x Schnittteil „Kragen" im Bruch

FUTTER
2x Schnittteil „mittleres Vorderteil", gegengleich
2x Schnittteil „seitliches Vorderteil", gegengleich
2x Schnittteil „seitliches Rückenteil", gegengleich
1x Schnittteil „mittleres Rückenteil" im Bruch

Nahtzugaben
Alle Teile mit 1 cm Nahtzugabe zuschneiden.

Schnittmusterbogen B

6 Die Vorderteil-Kante des Oberstoffs auf die Vorderteil-Kante des Futters legen und in 1 cm Breite schließen. Nahtzugaben auseinanderbügeln.

7 Nun Stück für Stück den Oberstoff mit dem Futter zusammennähen. Nahtzugaben auseinanderbügeln. Wenden und vorsichtig ordentlich bügeln.

8 Wenn alles sitzt, die Wendeöffnung im Futterstoff schließen und den Posamentenverschluss von Hand aufnähen.

Tipps: Dieses Modell ist in der Verarbeitung sehr anspruchsvoll. Wenn Sie noch nicht so geübt im Nähen sind, dann arbeiten Sie dieses Modell einfach aus Walkstoff. Er muss nicht gefüttert und versäubert werden. Schneiden Sie dazu alle Teile des Oberstoffes mit Nahtzugabe zu und nähen sie entsprechend zusammen! Wenn Ihnen der Kragen zu aufwendig erscheint, können Sie ihn auch weglassen.

Mit Armstulpen oder langen Lederhandschuhen wird dieses Cape zum It-Teil.

Elegant & edel

Armstulpen

Vorbereiten

Die kleinen Edelweiße mittig auf die großen kleben. Auf die kleinen Edelweiß-Blüten als Blütenkörbchen mit Plusterfarbe Punkte dicht an dicht aufbringen, trocknen lassen und im Backofen laut Gebrauchsanweisung des Herstellers aufplustern.

Nähen

1 Die Edelweiße auf die rechte Seite der Armstulpen nähen oder die Stulpen nach eigenen Wünschen verzieren.

2 Die innere Naht rechts auf rechts schließen und die Nahtzugaben auseinanderbügeln.

3 Die Armstulpen vorsichtig wenden.

Größe 30 cm lang

Material
- Weicher, dehnbarer Walkstoff in Lindgrün, 60 cm x 30 cm
- Filzreste für Edelweiß in hellem Lindgrün
- Plusterfarbe in Weiß, Rest
- Klebstoff

Zuschneiden
WALKSTOFF
2x Schnittteil „Ärmelteil"

FILZRESTE
2x Schnittteil „Edelweiß mittel"
2x Schnittteil „Edelweiß klein"

Nahtzugaben
An den Seitenkanten mit 1 cm Nahtzugabe zuschneiden.

Schnittmusterbogen A+B

Edelweiß-Collier

Zuschneiden
FILZ
1x Schnittteil „Basis Edelweiß-collier"
1x Schnittteil „Edelweiß groß"
3x Schnittteil „Edelweiß mittel"
2x Schnittteil „Edelweiß klein"

Nahtzugaben
Alle Teile ohne Nahtzugaben zuschneiden.

Schnittmusterbogen A+B

Tipp: Diese Edelweiße sind nicht nur phantastisch am Collier, sondern auch sehr dekorativ auf dem Rucksackerl, an der Bluse, am Gürtel, am Rockbund …

Vorbereiten
Jeweils 2 Edelweißteile zusammenkleben: 1 großes und ein mittleres, 2x je 1 mittleres und 1 kleines, und trocknen lassen.

Nähen

1 Von Hand die Knöpfe auf die zusammengeklebten Edelweiß-mitten als Blütenkörbchen nähen. Danach die Blütenblätter mit den Rocailles verzieren.

2 Das Satinband nach Vorlage an die oberen Ränder der Collierbasis nähen.

3 Die fertigen Edelweißblüten auf der Basis arrangieren. Die Blüten auf die Basis kleben oder mit einigen Handstichen festnähen.

Größe Länge insgesamt 115 cm, Mittelstück 12 cm x 18 cm

Material
- 5 mm dicker Filz in Ecru, 20 cm x 45 cm
- 7 Knöpfe, ø 10 mm
- 3 Strasssteine 7 mm
- Rocailles in Ecru
- 1 cm breites Satinband in Dunkelrot, 2x 55 cm
- Klebstoff

Elegant & edel

Heckenrosen-Dirndltasche

Vorbereiten

Mit Nadeln die Taschenmitte markieren. Am offenen Teil nach Markierung mittig die Klettverschlüsse auf das Taschenteil stecken. Das Taschenteil wenden und auf dieser Seite weiterarbeiten.

Ca. 6 cm vom oberen Rand entfernt das Webband aufstecken. Das Samtband durch die 4 Ösen des Henkels fädeln, die Enden des Bandes aufeinanderlegen. Dieses Samtband unter das Webband stecken. Die Oberkante der Öse schließt mit der oberen Kante der Tasche ab. 2 cm unter der Heckenrosenborte parallel dazu die Posamentenborte aufstecken. 1 cm darunter ebenfalls parallel das Satinband aufstecken. Alles symmetrisch auf beiden Seiten der Tasche arbeiten. Erst wenn soweit alle Teile fixiert sind, beginnt die Näharbeit.

Nähen

1 Die Klettverschlüsse an die Tascheninnenseite steppen, die Borten und Henkel außen. Die Posamentenborte mit Zickzack-Stich aufnähen, Satinband und breite Borte an beiden Seiten schmalkantig mit Steppstich.

2 Nun die Seitenteile rechts auf rechts mit der geraden breiteren Seite an das Taschenteil zwischen die Bodenmarkierungen legen. Nur dieses Nahtstück in 1 cm Breite schließen. Dabei von beiden Rändern 1 cm entfernt bleiben.

3 Ein Seitenteil nach oben legen. Dort trifft die obere Kante des Seitenteils auf die obere Kante des Taschenteils. Diese Naht rechts auf rechts in 1 cm Breite zusteppen. Diesen Vorgang an den drei übrigen Kanten wiederholen. Die Tasche wenden.

Größe 25 cm x 35 cm

Material
- 5 mm dicker Filz in Lindgrün, 45 cm x 80 cm
- 4 cm Klettverschluss
- 1 fertiges Henkelpaar
- 6 cm breites Webband „Heckenrose", 70 cm
- 1 cm breites Satinband in Ecru, 80 cm
- 1 cm breite Posamentenborte oder Spitze in Beige, 80 cm
- 2 cm breites Samtband in Rosa, 4x 12 cm

Tipp: Besonders gut sieht die Tasche aus, wenn Sie am Boden an den Ecken vier Bodennägel einarbeiten. Wenn Sie keinen Henkel kaufen möchten, können Sie stattdessen auch Tresse verwenden und sie auf die gewünschte Länge zuschneiden.

Zuschneiden
FILZ
1x Schnittteil „Tasche"
2x Schnittteil „Seitenteil"

Nahtzugaben
Alle Teile mit 1 cm Nahtzugabe zuschneiden.

Schnittmusterbogen B

Auf dem Ball

Auf der Wiesen wie auf der rauschenden Party macht edler Alpenchic schon das Styling für den Abend zum Vergnügen. Eine süße Flechtfrisur unterstreicht den mädchenhaften Look.

Brokat-Seelenwärmer

Größe 36, 38, 40, 42 und 44

Material
- Oberstoff: Brokat mit Blumenmuster, 110 cm x 120 cm
- Futter: Baumwollbuntgewebe in Schwarz-Beige kariert, 50 cm x 150 cm
- 4 Knöpfe
- 1 Applikation nach Wunsch, z. B. Gämse, Herzerl, Edelweiß

Vorbereiten

An einem Rest eine Näh- und Bügelprobe machen. Alle Kanten der Oberstoff- und Futterteile außer an den Schrägstreifen mit Zickzack-Stich versäubern. An den Schrägstreifen an einer Längsseite 1 cm Nahtzugabe nach innen bügeln.

Nähen

1 Die Rückenmitte in 1 cm Breite rechts auf rechts schließen. Die Seitenteile jeweils in 1 cm Breite rechts auf rechts an das entsprechende Mittelteil nähen (seitliches Vorderteil an mittleres Vorderteil, seitliches Rückenteil an mittleres Rückenteil). Die Nahtzugaben auf eine Seite bügeln.

2 Die Schulternähte an Oberstoff und Futter schließen und die Nahtzugaben auseinanderbügeln.

3 Die nicht umgebügelte Seite der Schrägstreifen für die Armausschnitte rechts auf rechts in 1 cm Breite an beide Armausschnitte steppen. An den engen Rundungen quer zur Naht einschneiden, damit sich die Rundung besser legt. Den Schrägstreifen jeweils nach innen umbügeln und mit einer 2. Naht schmalkantig feststeppen (siehe S. 109).

4 Den Ausschnitt verstürzen: den kompletten Beleg rechts auf rechts an den Ausschnitt stecken. An der unteren Kante vom Vorderteil zu steppen beginnen. Immer abschnittsweise weitersteppen, das Teil entsprechend drehen. An den starken Rundungen am rückwärtigen Halsausschnitt die Nahtzugabe bis fast zur Naht hin quer einschneiden. Nahtzugaben auseinanderbügeln. Nach innen wenden und bügeln. Nahtzugaben an den Ecken quer abschneiden.

Zuschneiden
OBERSTOFF
2x Schnittteil „mittleres Vorderteil", gegengleich
2x Schnittteil „seitliches Vorderteil", gegengleich
2x Schnittteil „Vorderteil-Schößchen", gegengleich
2x Schnittteil „mittleres Rückenteil", gegengleich
2x Schnittteil „seitliches Rückenteil", gegengleich
1x Schnittteil „Rückenteil-Schößchen" im Bruch

FUTTERSTOFF
2x Schnittteil „Vorderteilbeleg", gegengleich
1x Schnittteil „Rückenteilbeleg"
Schrägstreifen, 3 cm breit und insgesamt 270 cm lang:
1x 160 cm für den Schößchensaum,
2x 55 cm für die Armausschnitte

Nahtzugaben
Alle Teile mit 1 cm Nahtzugabe zuschneiden, auch die Schrägstreifen.

Schnittmusterbogen A

Elegant & edel 39

5 Die Seitennähte des Schößchens schließen, die Nahtzugaben auseinanderbügeln und die Saumkante mit Schrägstreifen versäubern.

6 Die Seitennähte am Seelenwärmer schließen und die Nahtzugaben auseinanderbügeln.

7 Das fertig mit Schrägband versäuberte Schößchen in 1 cm Breite rechts auf rechts an die untere Kante des Seelenwärmers steppen. Dabei an der vorderen Kante beginnen. Das Schößchen liegt im Bereich der vorderen Kante zwischen mittlerem Vorderteil und Futter.

8 Nun das Futter auf das Vorder- und Rückenteil stecken und ihn ab der Schößchenansatznaht schmalkantig absteppen.

9 Die Knopflöcher laut Schnitt in das rechte Vorderteil quer zur vorderen Kante arbeiten und die Knöpfe von Hand entsprechend an das linke Vorderteil nähen.

10 Am Halsausschnitt in Rückenmitte innen die Applikation aufbügeln.

Tipp: Der Rock für dieses Outfit ist genauso angefertigt wie der Rock zum Outfit Edelweiß (S. 31), nur in Schwarz.

Federschößchen

Anleitung

1 Federband abmessen entsprechend der Rückenweite im Bereich der Taille. Cordpaspel in gleicher Länge an den Rand der Federborte nähen.

2 4 Haken von Hand an die Rückseite des Federschößchens nähen. 4 Schlaufen an den entsprechenden Stellen des Seelenwärmers von Hand arbeiten (siehe S. 108).

Tipp: Wenn Sie die Federn mit dem „Schwung" nach außen nehmen, wird das Schößchen noch mehr betont! Federband mit den Haken an den Schlaufen einhaken.

Größe 36, 38, 40, 42 und 44

Material
- Federband, 10 cm breit, 42 cm lang
- Cordpaspel in Rot, 42 cm lang
- 4 Haken

Elegant & edel

Größe 18 cm lang

Material
- Baumwollvoile in Weiß, 30 cm x 150 cm
- 0,5 cm breites Gummiband, 4x 28 cm
- 2 cm breite Klöppelspitze, 2x 74 cm

Zuschneiden
BAUMWOLLVOILE
2x Rechteck 72 cm x 25 cm

Nahtzugaben
Die Nahtzugaben sind beim angegebenen Maß schon eingerechnet.

Puffärmel mit Spitzenbesatz

Vorbereiten

Am Ärmelsaum 2x 1 cm Saumzugabe nach innen umbügeln und feststecken.
An der oberen Kante zuerst 1 cm, dann nochmals 3 cm nach innen umbügeln und feststecken.

Nähen

1 Die Seitennähte schließen. Dazu die Ärmel rechts auf rechts legen und in 1 cm Breite die Nähte zusteppen. Auch die hochgebügelten Säume aufklappen und bis zum Ende des Stoffes nähen! Die Nahtzugaben gemeinsam mit einem Zickzack-Stich versäubern und auf eine Seite bügeln.

2 Den Ärmelsaum schmalkantig absteppen. An der oberen Kante die umgebügelte Kante schmalkantig absteppen. Dabei eine kleine Öffnung zum Einziehen des Gummibands offen lassen. Für den Gummitunnel 1 cm von dieser Naht entfernt eine zweite Naht nähen.

3 Am Ärmelsaum 1,5 cm von der unteren Kante entfernt die Klöppelspitze aufstecken. An den Enden nur 2 cm Nahtzugabe nach innen umklappen. Es entsteht automatisch eine kleine Öffnung an den Stoßkanten der Spitze. Durch diese Öffnung wird später das Gummiband gezogen. Die Spitze an beiden Rändern schmalkantig aufsteppen.

4 Auf die gleiche Weise den zweiten Puffärmel fertigen.

5 Die Gummibänder durch alle 4 Tunnel ziehen, die Enden verknoten oder mit einigen Handstichen schließen und evtl. die Weite korrigieren.

Größe Kette 90 cm, Herz 10 cm x 8 cm

Material
- Brokatstoff, Rest
- Baumwollbuntgewebe, Rest
- Kordel in Ecru, 90 cm
- 0,5 cm breites Band in Rot, 90 cm
- etwas Füllwatte
- 0,5 cm breites Ripsband in Rot, 8 cm
- einige Holz- und Wachsperlen zum Auffädeln
- dünner Draht
- 1 Edelweißapplikation zum Aufbügeln
- 2,5 cm breites Karo-Schleifenband, 8 cm
- Papierherz als Nähschablone

Herzchenkette aus Brokat

Zuschneiden
BAUMWOLLSTOFF
1x Schnittteil „Damen-Herzchenkette"

BROKATSTOFF
1x Schnittteil „Damen-Herzchenkette"

Nahtzugaben
Alle Teile mit 1 cm Nahtzugabe zuschneiden.

Schnittmusterbogen A

Vorbereiten
Das Ripsband als Aufhänger längs zur Hälfte falten. Auf das Baumwollherz die Applikation bügeln.

Nähen
1 Das mittig zusammengelegte Ripsband als Aufhänger in der Mitte eines der Herzen auf die rechte Seite oben in ca. 0,8 cm Breite festnähen. Nun die beiden Herzen rechts auf rechts aufeinander legen und zusammensteppen. Mit einem Papierherz in Originalgröße als Schablone geht es noch genauer. An einer geraden Stelle eine kleine Öffnung zum Wenden und Füllen offen lassen.

2 Das Herz wenden, fest mit Füllwatte stopfen und die Öffnung mit einigen Handstichen unsichtbar schließen.

3 In den Aufhänger die Kordel und das Band fädeln. Kordel und Band z. B. durch einige Handstiche schließen. Kordel vorher mit Klebestreifen umwickeln, damit sie sich nicht selbstständig aufdreht. Diese Stelle mit dem Karo-Band kaschieren. Dazu das Karo-Band zur Hälfte legen, Kordel und Band hineinlegen und straff ziehen. Längs absteppen, am besten mit dem Reißverschluss-Füßchen. Einige Querstiche halten alles zusammen.

4 Abwechselnd Wachs- und Holzperlen auf den Draht fädeln und mit einigen Handstichen am Ripsband befestigen.

Tipp: Das Pompadour-Täschchen von S. 54 passt zu diesem Outfit hervorragend.

Elegant & edel

Sportlich & urban

Charmante Stoffdrucke, zünftige Outfits und praktische Accessoires verwandeln trachtige Styles zum idealen City-Look. Der Blick liegt vielfach auf dem Detail: Peppen Sie Ihre Jeans rustikal auf, oder sorgen Sie mit feschen Applikationen für puren Alpenchic!

Auf Abenteuerfahrt

Alpenchic mal ganz zünftig: Karobluse, Kropfband und Brosche können mit einer Lederhose ganz leger kombiniert werden.

Carmenbluse

Vorbereiten

Alle Kanten außer Schrägstreifen mit Zickzack-Stich versäubern. An Vorderteil und Rückenteil jeweils 2x 1 cm Saum umbügeln und feststecken. Am Ärmel nur 1 cm Saum umbügeln. Bei den Schrägstreifen an nur einer Längsseite 1 cm Nahtzugabe umbügeln.

Zuschneiden
Vor dem Zuschneiden 2 Brüche am Stoff erzeugen!

BAUMWOLLSTOFF
1x Schnittteil „Vorderteil" im Bruch
1x Schnittteil „Rückenteil" im Bruch
2x Schnittteil „Ärmel", gegengleich
Schrägstreifen, ca. 5 cm breit x 120 cm lang

Nahtzugaben
Am Vorderteil- und Rückenteilsaum jeweils 2 cm, sonst an allen Kanten außer dem Schrägstreifen 1 cm Nahtzugabe.

Schnittmusterbogen A

Nähen

1 Ärmel rechts auf rechts in 1 cm Breite an das Vorder- und Rückenteil ansteppen, Nahtzugabe zusammen auf eine Seite bügeln.

2 Schrägstreifen mit der nicht umgebügelten Kante an den Ausschnitt rechts auf rechts in 1 cm Breite steppen und bügeln. Die Enden treffen sich in der Rückenmitte. Am Ende nur 2 cm Nahtzugabe nach oben klappen und darübersteppen. Dabei entsteht automatisch eine Öffnung zum Einziehen des Gummis in Breite des Schrägstreifens. Nach innen wenden und von innen schmalkantig an den Ausschnitt steppen.

3 Die Ärmelnaht übergehend in die Seitennaht in einem Zug rechts auf rechts in 1 cm Breite schließen. Den hochgebügelten Saum etwas aufklappen und bis zum Ende nähen. Die andere Seite genauso arbeiten.

4 Säume an Vorder- und Rückenteil sowie am Ärmel schmalkantig absteppen.

5 Das Gummiband abmessen und durch den Tunnel am Ausschnitt ziehen. Den Gummi zusammennähen.

Größe 34, 36, 38, 40 und 42

Material
- Baumwollstoff, grün-rot kariert, 130 cm x 150 cm
- 1 cm breites Gummiband, 100 cm

6 Besonders schön sieht es aus, wenn Sie sich passend eine „Alpenchic-Brosche" fertigen.

Tipps: Diese Bluse ist sehr wandelbar. Mit einem aufgenähten Ösenband in Rückenmitte können Sie die Bluse mittels Schnürung auf Figur bringen, oder durch Langlochknöpfe in der Taille an beiden Seitennähten Bänder ziehen, oder oder oder.

Am Ausschnitt können Sie zusätzlich noch eine Spitze mitfassen. Mit Hosenträger getragen ein echter Hingucker!

Probieren Sie auch aus, die Bluse unterhalb der Schulter zu tragen. Dank des Gummibandes ist dies möglich.

Sportlich & urban 47

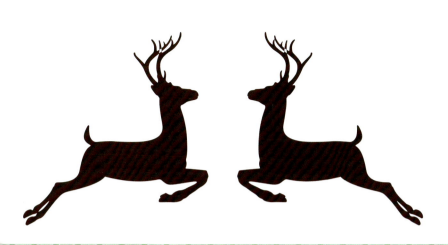

Strumpfbandtasche

Vorbereiten

Am Strumpfbandteil die Nahtzugaben 1 cm breit an beiden langen Seiten nach innen bügeln, dann das Strumpfbandteil der Länge nach auf die Hälfte falten und umbügeln.
An beiden Taschenteilen die Tascheneingriffe 2x 1 cm breit umbügeln.

Zuschneiden
BAUMWOLLSTOFF
1x Schnittteil „Strumpfband"
1x Schnittteil „Taschenvorderteil"
1x Schnittteil „Taschenrückteil"

Nahtzugaben
Alle Teile mit 1 cm Nahtzugabe zuschneiden.

Schnittmusterbogen A

Nähen

1 Den Tascheneingriff an beiden Taschenteilen schmalkantig absteppen. Die Herzapplikation auf das vordere Taschenteil mittig so steppen, dass oben ein Eingriff bleibt und die Applikation als Tasche benutzt werden kann.

2 Den Klettverschluss jeweils an das vordere und rückwärtige Taschenteil mittig ca. 1 cm von der oberen Kante entfernt aufsteppen. Dabei am vorderen Taschenteil das Satinband zur Hälfte gefaltet mitfassen.

3 Das Strumpfbandteil an der Längskante schmal absteppen. 4 Tunnel für die Gummibänder wie im Schnittmuster eingezeichnet steppen. Nun die Borte aufsteppen. Vorsicht, dabei nicht die Tunnel zusteppen!

4 Alle vier Gummibänder (ca. 40 cm lang) in die Tunnel einziehen und Anfang und Ende jeweils mit dem Stoff feststeppen, Quernaht schließen.

5 Beide Taschenteile an einer Längsseite rechts auf rechts aufeinanderlegen, dabei das fertige Strumpfband dazwischenfassen. Darauf achten, dass die oberen Kanten bündig sind! Diese Seite und die Unterkante der Tasche schließen. Wenden und bei der zweiten Längsseite ebenso verfahren – Taschenteile rechts auf rechts und Strumpfband dazwischen (zusammengerollt in die Tasche stecken). Nun die inneren Taschenkanten mit Zickzack-Stich versäubern.

Tipp: Wenn Sie das Strumpfband direkt auf der Haut tragen, können Sie auch ein Antirutschband an die Innenseite nähen.

Größe Umfang des Strumpfbands, 48 cm, Tasche 12 cm x 14,5 cm

Material
- Buntgewebter Baumwollstoff, 30 cm x 150 cm
- 1 cm breites Gummiband, 4x 40 cm
- 2 cm breiter Klettverschluss, 3 cm
- 1 Herz-Applikation
- 1,0 cm breites Satinband in Ecru, 5 cm
- 1,5 cm breite Klöppelborte in Weiß, 60 cm

Sportlich & urban 49

Eine Bluse, drei Modelle

Dieses Blusenmodell ist sehr wandelbar: Schon die Wahl unterschiedlicher Stoffe und Bänder lässt es mal sportlich, mal romantisch wirken. Mit Rüschen und Spitzen an den Säumen bekommt das Modell einen klassischen Touch. Mit Hakenband und Samtkordel entsteht ein modischer Schnür-Effekt.

Sportlich & urban 51

Stadtbummel

So wird Alpenchic stadtfein: Auf Figur gebracht, mit modischen Accessoires und einer lässigen Jeans stehen Stadtbummel und Cafebesuch auf dem Programm.

Korsage

Größe 34/36, 38/40 und 42
Material
- Brokat in Rot gemustert, 50 cm x 120 cm
- Jersey in Rot, 35 cm x 120 cm
- Cordpaspel in Rot, 2x 95 cm
- 0,5 cm breites Schnürband, 180 cm
- 1,5 cm breite Träger-Borte, 2x 30 cm

Vorbereiten

An einem Brokatstoffrest eine Bügel- und Nähprobe machen.
Alle Kanten mit Zickzack-Stich versäubern. Das Vorderteil am der Umbruchlinie umbügeln.

Nähen

1 Alle Teile 1 cm breit rechts auf rechts aneinandernähen: Die seitlichen Rückenteile ans mittlere Rückenteil, die seitlichen Vorderteile an die seitlichen Rückenteile und das mittlere Vorderteil an die seitlichen Vorderteile. Nähte vorsichtig von links bügeln. Nahtzugaben zusammen auf eine Seite legen.

2 An die untere Kante rechts auf rechts die Cordpaspel stecken. Mit einem Reißverschlussfüßchen ganz nah an der Kordel entlang nähen. An den vorderen Kanten stößt die Schnittkante der Cordpaspel an. Den Vorderteilbeleg lediglich um die Paspel legen und dann darübersteppen. Die Paspel nach oben umklappen, vorsichtig darüberbügeln und die Paspel mit einer schmalkantigen Naht absteppen. Die obere Kante genauso verarbeiten.

3 Nun die Träger an der vorderen und hinteren Teilungsnaht von Hand oder mit der Maschine annähen. Dabei die Träger hinten einmal verkreuzen, dann rutschen sie nicht so leicht!

4 An der vorderen Kante jeweils parallel zur Kante die Knopflöcher einarbeiten und vorsichtig aufschneiden! Die Kordel durchziehen.

Zuschneiden
BROKAT
2x Schnittteil „mittleres Vorderteil", gegengleich
2x Schnittteil „seitliches Vorderteil", gegengleich

JERSEY
1x Schnittteil „mittleres Rückenteil" im Bruch
2x Schnittteil „seitliches Rückenteil", gegengleich

Nahtzugaben
Alle Teile mit 1 cm Nahtzugabe zuschneiden.

Schnittmusterbogen A

Tipp: Möchten Sie eine steife Korsage, dann müssen Sie nur die Brokat-Teile mit Einlage oder Petticoat-Tüll verstärken.

Hinweis: Dank des Jerseys in Rückenmitte müssen Sie die Korsage nicht jedes Mal zum An- oder Ausziehen öffnen! Sie sitzt auf Figur und ist trotzdem angenehm zu tragen.

Sportlich & urban 53

Pompadour-Täschchen

Vorbereiten

Die Stoffreste-Streifen jeweils 1 cm breit zusammennähen, die Nahtzugaben gemeinsam mit Zickzack-Stich versäubern und auf eine Seite bügeln. Wiederholen, bis man ein zusammenhängendes Taschenteil von 35 cm Höhe und 68 cm Breite hat.

Am Taschenteil die längere Kante 5 cm breit nach innen umbügeln und feststecken.

Die Schrägstreifen an beiden Schnittkanten 1 cm breit nach innen umbügeln.

Nähen

1 Am Taschenteil die Seitennaht rechts auf rechts in 1 cm Breite schließen, die Nahtzugaben gemeinsam versäubern und zu einer Seite bügeln.

2 Die an beiden Längsseiten umgebügelten Schrägstreifen ca. 4 cm von der oberen Kante entfernt auf das Taschenteil von außen aufstecken. An den Enden jeweils 2 cm Nahtzugabe nach innen legen. Die Stoßkante an den sich treffenden Schrägstreifen für den Banddurchzug offen lassen. Nun die beiden Schrägstreifen schmalkantig auf das Taschenteil steppen. Dabei den Umbruch im Inneren der Tasche mit feststeppen. Alle Teile sind gerade.

3 Nun das Taschenteil mit der unteren, noch offenen Kante rechts auf rechts auf das Bodenteil stecken. Dabei an den am Bodenteil markierten Stellen jeweils eine kleine Falte von ca. 2 cm legen. Anschließend das Taschenteil in 1 cm Breite auf den Boden aufsteppen.

4 Das rote Herz an die Unterseite des Schrägstreifens aufnähen.

5 Durch die eine Öffnung die Kordel ziehen, einmal ganz um das Pompadour-Täschchen herumführen und zur selben Öffnung wieder herausführen. Durch die andere Öffnung das Samtband ziehen und ebenso verfahren. Die Bänder vernähen oder verknoten.

Zuschneiden

STOFFRESTE
ca. 10-15 Streifen aus den Stoffresten, jeweils 35 cm lang

POLYESTERSTOFF
1x Schnittteil „Boden für Pompadour"

BAUMWOLLSTOFF
2x Schrägstreifen, 5 cm breit und 37 cm lang

Nahtzugaben
Die Stoffstreifen und den Boden mit 1 cm Nahtzugabe zuschneiden. Bei den Schrägstreifen ist die Nahtzugabe bereits eingerechnet.

Schnittmusterbogen B

Größe 30 cm hoch

Material
- Brokatstoff, Baumwollbuntgewebe und Seiden-Karostoff, Reste
- Baumwollstoff in Weiß oder fertiger Schrägstreifen, 2x 37 cm lang und 5 cm breit
- Kordel in Rot, 1 m
- 1,5 cm breites Samtband in Rot, 1 m
- 1 „Kinderherzchenkette" aus roter Baumwolle an roter Kordel; Fertigung siehe S. 96
- beflockter Polyesterstoff, Rest

Sportlich & urban

Originell

Für überraschende Verabredungen und unerwartete Dates: Süße Stylingideen, schnell gemacht. Los geht's!

T-Shirt mit Strumpfärmeln

Vorbereiten

An der Schnittkante der Strümpfe die vordere und hintere Mitte mit Nadeln markieren. Auch am Ärmel die Mitte markieren (Seitennaht und Ärmelmitte). Nun die Strümpfe mit der abgeschnittenen Seite rechts auf rechts an den abgeschnittenen Ärmelsaum stecken. Es treffen sich jeweils die Markierungen für die Mitte!

Nähen

1 Mit Zickzack-Stich die abgeschnittenen Strümpfe 1 cm breit rechts auf rechts an die Ärmelsäume nähen, dabei den Saum etwas dehnen.

2 Diese Ansatznaht mit einem Zickzack-Stich versäubern und bügeln.

Tipp: Probieren Sie auch einmal aus, wie es mit richtig groben und derben Strümpfen aussieht.

Zuschneiden
Vorsichtig an den Strümpfen das Fußteil und am T-Shirt den Ärmelsaum abschneiden.

Größe Alle Größen

Material
♥ 1 fertiges Kurzarm-T-Shirt
♥ 1 Paar Kniestrümpfe

Sportlich & urban 57

Kette mit Swarovski-Herz

Vorbereiten
Das Ripsband als Aufhänger zur Hälfte falten, die Enden zusammensteppen. Das Swarovski-Herz auf eines der Stoffherzen bügeln.

Nähen
1 Das mittig zusammengenähte Ripsband als Aufhänger in der Mitte des Herzens oben in 0,8 cm Breite festnähen.

2 Die beiden Herzteile rechts auf rechts aufeinanderlegen und in 1 cm Breite zusammensteppen. Mit einem Papierherz in Originalgröße als Schablone aufgesteckt geht es noch genauer. An einer geraden Stelle eine kleine Öffnung zum Wenden und Füllen offen lassen. Nach dem Nähen die Schablone wieder entfernen.

3 Das Herz wenden und mit dem Perlenaufreihgarn an dessen Spitze das aufnähbare Strasssteinchen nähen. Dann die beiden weißen Perlen aufziehen. Als letztes den Kunststoffknopf auffädeln, den Faden durch das andere Loch im Knopf zurückführen und zurück durch die Perlen fädeln. So sind alle Perlen und Steine gut fixiert. Das Fadenende gut im Innern des Herzens vernähen.

4 Das Herz fest mit Füllwatte ausstopfen und die Öffnung mit einigen unsichtbaren Handstichen schließen.

5 In den Aufhänger die Elastikrüsche fädeln. Die Rüsche durch einige Handstiche schließen. Diese Verbindungsstelle in den Aufhänger ziehen und so diese Stelle verdecken. Mit dem Rosenknopf Aufhänger und Rüsche verbinden.

Tipp: So verzieren Sie eine Jeans „alpenchic": Jeans unterhalb der Knie abschneiden, mit breiter Tresse einfassen. Auf dieses Band Edelweiß und Edelweißknöpfe sowie Schleifen an der Seite annähen.

Aus der gleichen Tresse einen Gürtel mit Klettverschluss nähen. Auch an den Gürtel ein Edelweiß nähen und ihn in die Gürtelschlaufen der Jeans einziehen. Die Gesäßtaschen können mit aufbügelbaren Applikationen oder „Alpenchic-Broschen" verziert werden.

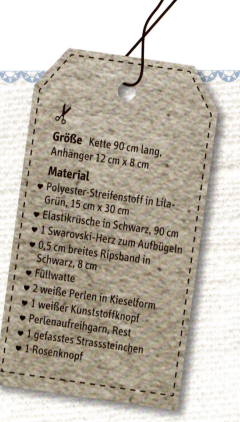

Größe Kette 90 cm lang, Anhänger 12 cm x 8 cm

Material
- Polyester-Streifenstoff in Lila-Grün, 15 cm x 30 cm
- Elastikrüsche in Schwarz, 90 cm
- 1 Swarovski-Herz zum Aufbügeln
- 0,5 cm breites Ripsband in Schwarz, 8 cm
- Füllwatte
- 2 weiße Perlen in Kieselform
- 1 weißer Kunststoffknopf
- Perlenaufreihgarn, Rest
- 1 gefasstes Strasssteinchen
- 1 Rosenknopf

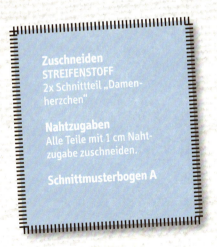

Zuschneiden
STREIFENSTOFF
2x Schnittteil „Damenherzchen"

Nahtzugaben
Alle Teile mit 1 cm Nahtzugabe zuschneiden.

Schnittmusterbogen A

Sportlich & urban

Aufs Volksfest

Alpenchic für fröhliche Feste: Nicht nur im Festzelt macht man so eine gute Figur. Feiern Sie mit!

Lebkuchenherz-T-Shirt

Zuschneiden
FILZ
1x Schnittteil „Damenshirt Lebkuchenherz"
1x Schnittteil „Shirt/Ring kleines Lebkuchenherz"

Nahtzugaben
Alle Teile ohne Nahtzugaben zuschneiden.

Schnittmusterbogen B

Größe Alle Größen

Material
- 1 fertiges T-Shirt
- 5 mm dicker Filz in Braun, Reste
- Tube Plusterfarbe in Weiß
- 0,5 cm breites Band in Rot, 2x 12 cm
- Anhänger nach Belieben
- einige Perlen
- 1 Applikation Herz mit Ornamenten
- 1 Hirsch-Applikation
- 3 Organzablüten

Vorbereiten

Mit Plusterfarbe die braunen Filzherzen mit einem Zuckergussrand verzieren. Dabei ca. 1 cm breit eine dichte Schleifenlinie malen und nach einer Trocknungszeit von ca. 6 Stunden die Farbe im Backofen bei ca. 150 °C 2 Min. aufplustern (bitte die Gebrauchsanweisung der verwendeten Farben beachten). Nach dem Abkühlen vorsichtig die Hirschapplikation in die Mitte des großen Herzens bügeln oder kleben und das große Herz zusätzlich mit Perlen und Anhängern verzieren. Mit einer Flamme vorsichtig alle 4 Enden der Borte versengen und sie an den Ausschnitt des Shirts stecken. Die abgeschnittenen Ornamente der Applikation links und rechts daneben legen.

Nähen

1 Die Borte mit Zickzack-Stich auf das Shirt nähen und vorsichtig die Ornamente aufbügeln.

2 Das verzierte Herz zwischen den Bändern feststecken und vorsichtig von Hand annähen – von der Rückseite aus geht das sehr gut. Das kleine Herz und die Blüten von Hand annähen.

Tipp: Zu diesem Shirt passen perfekt Blütenorganza-Puffärmel.

Sportlich & urban 61

Puffärmel mit Organza-Blüten

Vorbereiten

Im Bereich der Nahtzugabendie Blüten entfernen. An den vier Rüschen jeweils die Mitte mit einer Nadel markieren. An den vier langen Kanten der Ärmel auch jeweils die Mitte mit einer Nadel markieren.

Nähen

1 Die Seitennähte schließen. Dazu die Ärmel rechts auf rechts legen und 1 cm breit die Naht zusteppen. Die Nahtzugaben gemeinsam mit einem Zickzack-Stich versäubern und vorsichtig auf eine Seite bügeln.

2 Die Elastikrüschen jeweils rechts auf rechts an die langen Kanten der Ärmel stecken. Das Gummiband liegt bündig an der Kante des Ärmels. Den Beginn der Rüschen mit einigen Zickzack-Stichen annähen. Dann die Rüsche dehnen, sodass die Markierung in der Mitte der Rüsche auf die in der Mitte des Stoffes trifft, und weiter festnähen. Nach Möglichkeit die letzten 3 cm der Rüsche nicht mehr dehnen.

3 Das Gummiband nach innen klappen – die Rüsche ist nun am Rand – und von rechts die Naht mit Zickzack-Stich feststeppen. Auch hier das Gummi gedehnt halten.

4 Die anderen Kanten genauso arbeiten.

Tipp: Sie können mit der Größe des zugeschnittenen Ärmelteils die Länge und Weite des Puffärmels variieren. Ein kurzer, wenig gebauschter Ärmel wirkt modisch und pfiffiger. Ein längerer, stark geraffter klassisch.

Größe 20 cm lang

Material
♥ Organza mit bereits aufgenähten Blüten, 25 cm x 120 cm
♥ 2 cm breite Gummirüsche, 4x 28 cm

Zuschneiden
ORGANZA
2x Rechteck 45 cm x 20 cm

Nahtzugaben
Die Nahtzugaben sind bei den Maßen schon eingerechnet.

Lebkuchenherz-Ring

Vorbereiten

Mit Plusterfarbe das braune Filzherz mit einem Zuckergussrand verzieren. Dabei eine dichte Schleifenlinie ca. 1 cm breit malen und nach einer Trocknungszeit von ca. 6 Stunden die Farbe im Backofen bei ca. 150 °C 2 Min. aufplustern (bitte die Gebrauchsanweisung der verwendeten Farbe beachten).
Die Herzapplikation auf das grüne Filzherz bügeln.
Nach dem Abkühlen die Herzapplikation von Hand mittig auf das braune „Lebkuchenherz" nähen.

Nähen

1 Den Filzstreifen in der Mitte zusammenlegen und mit Zickzack-Stich schließen, dabei die Stichlänge sehr kurz einstellen, aber mit der maximalen Stichbreite arbeiten. Den Filz so unter das Füßchen legen, dass die Nadel links in den Filz sticht und rechts ins Leere geht. Das Filzteil aus der Maschine ziehen, dabei ein ca. 25 cm langes Ober- und Unterfadenstück mit herausziehen. Dann erst die Fäden abschneiden.

2 Die Naht nun etwas auseinanderziehen und mit den langen Fadenenden das Lebkuchenherz von Hand über die Naht nähen.

Zuschneiden
FILZ IN BRAUN
1x Schnittteil „Shirt/Ring kleines Lebkuchenherz"

FILZ IN DUNKELGRÜN
1 Streifen, 1,5 cm breit und ca. 7 cm lang

1x Filzherz, 1 mm kleiner als die Herzapplikation

Nahtzugaben
Alle Teile ohne Nahtzugabe zuschneiden.

Schnittmusterbogen B

Größe Lebkuchenherz
4,5 cm x 5 cm

Material
- 5 mm dicker Filz in Braun und Dunkelgrün, Reste
- Plusterfarbe in Weiß
- 1 Herzapplikation

Tipp: Die Idee mit dem Lebkuchenherz können Sie weiterspinnen. Sie können nicht nur T-Shirt und Ring damit verzieren, sondern auch Taschen, Rucksack, Hausschuhe, ...

Sportlich & urban 63

Heute bin ich Königin

Das ist die Krönung! Das tolle Shirt zieht Blicke an und bereichert den alpenländischen Look. Dazu die Lieblingsjeans oder rustikale Lederhosen, und schon ist das freche Styling komplett.

Königliches T-Shirt

Anleitung

1 Das T-Shirt faltenfrei auf eine harte Unterlage legen und ein Stück Pappe in das Shirt schieben, damit die Farbe nicht durchdrückt.

2 Nun genau nach Anweisung des Herstellers eine Krone auf das Vorderteil arbeiten und das Shirt vor dem Weiterverarbeiten erst einmal richtig trocknen lassen.

3 Die Applikation mit der Charivarikette an den Ausschnitt und das Herz etwas schräg in den Druck bügeln.

Tipp: Mit dieser leicht umzusetzenden Druckmethode können Sie auch Taschen, Jacken und Blusen bedrucken.

Größe Alle Größen

Material
- 1 fertiges Langarm-T-Shirt
- 1 runde Applikation mit Charivari-Kette
- 1 Herzapplikation
- 1 Druckvorlage „my style" „Krone"
- 1 Tube Textilfarbe Champagner gold metallic

Hosenträger auf die Schnelle

Anleitung

1 An beiden Enden die Außenkanten rechts auf rechts aufeinanderlegen, d. h. die Borte der Länge nach halbieren und ca. 10 cm lang mit Steppstich schmalkantig schließen. Wenden und in Hosenträgerclips einziehen.

2 Nun eine Seite am Hosen- oder Rockbund vorne festclipsen, die Träger um den Hals legen, so wie bei einem Neckholder, und die zweite Seite auf der anderen Seite am Bund befestigen.

Hinweis: Nach dieser einfachen Methode wurden auch die Hosenträger auf S. 64 hergestellt.

Größe 140 cm lang
Material
♥ 5 cm breite Borte, 140 cm
♥ 2 Hosenträger-Clipse

Sportlich & urban

Handy alpenchic

Stilgerecht bis ins Detail: Auch das Mobiltelefon bekommt ein „alpenchices" Kleid!

Handytasche individuell

Vorbereiten
Die Vorderteile an allen Rändern versäubern.

Nähen

1 Eins der beiden Vorderteile mit Borten, Bändern, Applikationen, Knöpfen oder Fantastic-Plastik-Anhängern verzieren. Am Tascheneingriff oben beide Vorderteile rechts auf rechts in 1 cm Breite aufeinandernähen. Nahtzugabe auseinanderbügeln.

2 Das Klettband nach Markierung auf dem Filz aufsteppen. Auf der anderen Seite die breite Gürtelschlaufe mittig aufsteppen.

3 Auf dem inneren, nicht verzierten Baumwollteil mittig laut Musterzeichnung 1 cm vom oberen Rand entfernt das Flauschband aufsteppen.

4 Beide Vorderteile in ca. 0,8 cm Breite zusammensteppen. So entsteht ein Teil, das leichter zu handhaben ist.

5 Vordere und rückwärtige Taschenteile rechts auf rechts aufeinanderlegen und beide Seitennähte nacheinander in 1 cm Breite schließen.

6 Da das Vorderteil etwas größer ist als das Rückenteil, muss nun nach Augenmaß rechts und links für die Bodennaht direkt am Anfang und Ende eine kleine Falte gelegt werden, bevor diese Naht in 1 cm Breite geschlossen wird. Dann die Handytasche wenden.

Tipp: Suchen Sie sich ein schönes Motiv hier z. B. eine Lederhose und ein altes Brevier aus und drucken Sie es auf eine spezielle Textilfolie aus. Bügeln Sie dieses Motiv nach Gebrauchsanweisung des Herstellers auf eins der Vorderseite-Teile und verstürzen Sie dieses Vorderteil mit dem zweiten. Arbeiten Sie wie oben beschrieben weiter – und gestalten Sie so ganz persönliche Geschenke.

Zuschneiden
BAUMWOLLSTOFF
2x Schnittteil „Vorderseite"

FILZ
1x Schnittteil „Rückseite"
1x Schnittteil „Gürtelschlaufe"

Nahtzugaben
Alle Teile mit 1 cm Nahtzugabe zuschneiden.

Schnittmusterbogen A

Größe 10 cm x 16 cm
Material
- 5 mm dicker, steifer Filz in Schwarz oder Dunkelbraun, 16 cm x 18 cm
- 2 cm breiter Klettverschluss, 3 cm
- Baumwollstoff in Weiß, Rest
- 1 Rehapplikation
- 1 Fantastic-Plastic-Knopf (siehe S. 105)
- Klöppelborte in Weiß, 18 cm

Sportlich & urban 69

Handytasche mit Knopfleiste „Hemd"

Vorbereiten

Die Brusttasche, das Hemd-Vorderteil und die Vorderseite an allen Rändern mit Zickzack-Stich versäubern.
Am Tascheneingriff 1 cm Nahtzugabe und dann 1,5 cm Umbruch umbügeln. Am Hemd-Vorderteil eine Falte für den Hemdverschluss laut Markierung „Umbruch" bügeln und an der Stepplinie feststecken.

Nähen

1 An der Brusttasche den Tascheneingriff schmalkantig feststeppen. An den anderen Kanten die Nahtzugaben 1 cm breit nach innen umbügeln.

2 Das Klettband nach Markierung auf der Taschen-Rückseite befestigen. Dieses Teil wenden und die breite Gürtelschlaufe mittig aufsteppen.

3 Auf der Vorderseite 1 cm vom oberen Rand entfernt mittig das Flauschband aufsteppen.

4 Die Falte an der vorderen Kante schmalkantig absteppen, dabei nicht auf das Hemdteil steppen. Dann diese Falte 2 cm von der Kante entfernt nochmals absteppen. So entsteht eine Knopfleisten-Optik.

5 Die Brusttasche laut Markierung im Schnitt auf das Hemd-Vorderteil stecken und die Tasche schmalkantig feststeppen. Die nicht umgebügelte Kante liegt nun an der Seitennaht.

6 Nun das fertige Hemd-Vorderteil rechts auf rechts auf die Vorderseite legen. Den oberen Tascheneingriff in 1 cm Breite zusammennähen. Die Nahtzugaben auseinanderbügeln. Hemd-Vorderteil und Vorderseite wieder zusammenlegen und von links nochmals ordentlich darüberbügeln.

Größe 10 cm x 16 cm
Material
- 5 mm dicker, steifer Filz in Schwarz oder Dunkelbraun, 16 cm x 18 cm
- Baumwollstoff in Weiß, Rest
- 2 cm breiter Klettverschluss, 3 cm
- Dekostoff in Grün kariert, Rest
- 2 Knöpfe
- Kordel in Grün, 20 cm

Zuschneiden
DEKOSTOFF
1x Schnittteil „Hemd-Vorderteil"
1x Schnittteil „Brusttasche"

BAUMWOLLSTOFF
1x Schnittteil „Vorderseite"

FILZ
1x Schnittteil „Rückseite"
1x Schnittteil „Gürtelschlaufe"

Nahtzugaben
Alle Teile mit 1 cm Nahtzugabe zuschneiden.

Schnittmusterbogen A

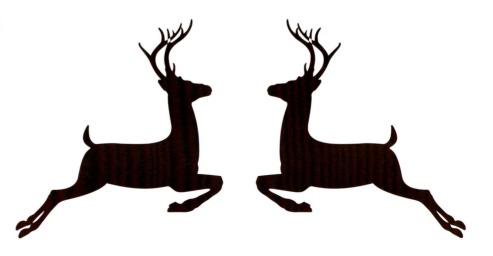

7 Das Hemd-Vorderteil mit der Vorderseite in ca. 0,8 cm Breite zusammensteppen. So entsteht ein Teil, das leichter zu handhaben ist.

8 Vorderseite und Rückseite rechts auf rechts aufeinanderlegen und beide Seitennähte 1 cm breit schließen.

9 Da das Vorderteil etwas größer ist als das Rückenteil, muss nun nach Augenmaß rechts und links für die Bodennaht direkt am Anfang und Ende eine kleine Falte gelegt werden, bevor diese Naht in 1 cm Breite geschlossen wird, dann die Tasche wenden.

Tipp: In der Seitennaht kann eine Kordel mitgefasst werden, an der ein Medaillon hängt. Das Medaillon findet seinen Platz in der aufgesetzten „Hemdtasche".

Sportlich & urban

Alpenchic für Kids

Beim Modethema Alpenchic kommen auch die Kleinen ganz groß raus: Wetten, dass Outdoor-Abenteurer den kuscheligen Plüschjanker nicht mehr hergeben wollen? Und für kleine Mädchen wird zum Beispiel das flotte Regencape garantiert ein neues Lieblingsstück!

Ich pfeif' auf den Regen

Schlechtes Wetter gibt es nicht: Raus in die Natur, die frische Luft genießen, und dabei chic aussehen!

Wendecape

Größe 86/92, 104/110 und 122/128

Material
- Oberstoff A: beschichteter Baumwollstoff in Rosa geblümt, 80 cm x 150 cm
- Oberstoff B: beschichteter Baumwollstoff in Rot mit weißen Tupfen, 80 cm x 150 cm
- Futterstoff: Plüsch in Wollweiß, 90 cm x 150 cm
- 0,5 cm breites Samtband in Dunkelrot, 2x 40 cm
- 1 Aufhänger in Rosa

Vorbereiten

Am beschichteten Stoff vor Beginn eine Näh- und Bügelprobe machen!
Aufhänger am Rückenteil in der Mitte ca. 6 cm vom oberen Rand entfernt auf die linke Seite des Oberstoffs feststecken.

Nähen

1 Die Saumbelege jeweils an Vorderteil und Rückenteil steppen: An der Spitze des Capes nur den Saumbeleg aus Tupfenstoff bis fast zur Naht hin einschneiden, während die Nadel im Teil steckt und das Füßchen angehoben ist. Cape nun drehen, leicht ziehen, sodass keine Falten am Oberstoff bleiben, Füßchen senken und die restliche Naht schließen. Nahtzugaben nach unten bügeln und von rechts absteppen. So auch am Rückenteil arbeiten. Den Aufhänger am Rückenteil feststeppen.

2 Die Schulternähte am Oberstoff rechts auf rechts schließen. Nahtzugaben auseinanderbügeln. Mit dem Futterstoff genauso verfahren.

Zuschneiden

Beim Zuschneiden müssen an allen Stoffen zwei Brüche erzeugt werden. Beim Plüsch die Strichrichtung beachten, d.h. alle Schnittteile in eine Richtung legen.

OBERSTOFF A
1x Schnittteil „Vorderteil" im Bruch
1x Schnittteil „Rückenteil" im Bruch

OBERSTOFF B
1x Schnittteil „Vorderteil Saumbeleg" im Bruch
1x Schnittteil „Rückenteil Saumbeleg" im Bruch

FUTTERSTOFF
1x Schnittteil „Vorderteil" mit angeschnittenem Saumbeleg
1x Schnittteil „Rückenteil" mit angeschnittenem Saumbeleg

Nahtzugaben
Alle Teile mit 1 cm Nahtzugabe zuschneiden.

Schnittmusterbogen B

3 Halsausschnitt und Vorderteilschlitz zusammennähen: Dazu Futterstoff und Oberstoff rechts auf rechts aufeinanderlegen, feststecken (Schulternähte treffen aufeinander) und den Halsausschnitt 1 cm breit aufeinandersteppen. An den Schulternähten jeweils das Nähfüßchen anheben und den Stoff möglichst gerade ziehen. Am Schlitzende in der vorderen Mitte die Ecken bis kurz vor die Naht einschneiden. An den starken Rundungen quer zur Naht die Nahtzugabe einschneiden, aber nicht die Naht durchtrennen! Wenden und bügeln.

4 Cape wieder wenden und am Vorderteil-Schlitz rechts und links 2 cm vom oberen Rand entfernt jeweils 2 Stiche wieder auftrennen, die Samtbänder durchstecken und wieder von innen schließen.

5 Oberstoff und Futter Stück für Stück rechts auf rechts in 1 cm Breite zusammennähen, dabei 10 cm an einer geraden Stelle zum Wenden offen lassen. Cape wenden, bügeln und die offene Stelle von rechts unauffällig von Hand schließen.

Größe Kopfumfang
52 cm

Material
- Oberstoff: Beschichteter Baumwollstoff in Rot-Weiß kariert, 50 cm x 145 cm
- 1 Stoffblume (siehe S. 77)

Regenhut

Vorbereiten

Der beschichtete Stoff franst nicht aus! Er muss also nicht unbedingt versäubert werden.

Nähen

1 An beiden Krempenteilen und am Seitenteil die rückwärtige Mittelnaht in 1 cm Breite schließen. Die Teile liegen dabei rechts auf rechts. Nähte auseinanderbügeln.

2 Beide Krempenteile rechts auf rechts legen und die äußere Krempennaht in 1 cm Breite absteppen. Nahtzugaben auseinanderbügeln, wenden und nochmals ordentlich bügeln.

3 Seitenteil mit der oberen Kante rechts auf rechts an das runde Hutoberteil nähen.

4 Krempe an die untere Kante des Seitenteils nähen. Alle Nähte treffen sich in der rückwärtigen Mitte.

Tipps: Ist der Hut zu groß, einfach an der hinteren Mitte die Mehrweite mit einigen Handstichen festhalten.

Der Schnitt passt auch für einen Sonnenhut aus Baumwollstoff mit Stand.

Zuschneiden
OBERSTOFF
1x Schnittteil „Hutoberteil"
1x Schnittteil „Seitenteil" im Bruch
2x Schnittteil „Hutkrempe" im Bruch

Nahtzugaben
Alle Teile mit 1 cm Nahtzugabe zuschneiden.

Schnittmusterbogen B

Zuschneiden
BAUMWOLLSTOFF
1x Schnittteil „große Blume"
1x Schnittteil „kleine Blume"

Nahtzugaben
Alle Teile ohne Nahtzugabe zuschneiden.

Schnittmusterbogen B

Größe ø 11 cm

Material
- Beschichteter Baumwollstoff in Rosa geblümt und/oder in Rot mit weißen Tupfen, Rest vom Cape
- 1 Herzapplikation oder Schmuckknopf als Blütenstempel
- Magnetknopf

Blume

Vorbereiten
Blumenteile mittig aufeinanderlegen.

Nähen
1 Blumenteile von Hand oder mit der Nähmaschine zusammennähen. Es dürfen auch Falten entstehen.

2 Als „Blumenstempel" kann man eine Applikation aufbügeln oder einen Schmuckknopf aufnähen.

3 Mit einem Magnetknopf wird dann die fertige Blume am Hut angeklipst. Dafür eine Seite des Magnetknopfs an den Hut, das Gegenstück an die Blumenrückseite nähen.

Tipps: Sie können mit diesem Schnitt auch die beiden Blumenteile verstürzen und z.B. zwei kontrastierende Stoffe zusammennähen.

Diese Blume macht sich auch wunderbar am Ausschnitt der Carmenblusen. Dann vielleicht nicht aus beschichtetem Stoff arbeiten. Aber trotzdem darauf achten, dass der Stoff nicht zu sehr ausfranst.

Alpenchic für Kids 77

Für herzige Mädchen

Ohne großen Aufwand lassen sich einfache Shirts mit stilvollen Applikationen und niedlichen Puffärmeln individuell umstylen. Achtung: Die Herzen sind zwar süß, aber nicht zum Anknabbern gedacht!

Lebkuchenherz-T-Shirt für Mädchen

Vorbereiten

Mit Plusterfarbe die braunen Filzherzen mit einem Zuckergussrand verzieren. Dabei ca. 1 cm breit eine dichte Schleifenlinie malen und nach einer Trocknungszeit von ca. 6 Stunden die Farbe im Backofen bei ca. 150 °C 2 Min. aufplustern (bitte die Gebrauchsanweisung der verwendeten Farben beachten).

Nach dem Abkühlen die Gämsenapplikation in die Mitte des großen Herzens bügeln oder kleben, ohne den Zuckerguss mit dem Bügeleisen zu berühren, und darauf den Schmetterling befestigen. Das Herz zusätzlich mit Perlen und rosa Schleife verzieren.
Mit einer Flamme vorsichtig alle 4 Enden des Bandes versengen und sie an den Ausschnitt des Shirts stecken.

Nähen

1 Das Band mit einem Zickzack-Stich auf das Shirt steppen.

2 Nun das verzierte Herz zwischen den Ripsbändern feststecken und von Hand aufnähen – von der Rückseite geht das sehr gut. Auch das kleine Herz von Hand annähen.

3 Nach den Vorgaben des Herstellers das Kristallherz neben das Lebkuchenherz bügeln.

Größe Alle Größen
Material
- 1 fertiges T-Shirt
- 5 mm dicker Filz in Braun, Rest
- 1 Tube Plusterfarbe in Weiß
- 1 cm breites Ripsband in Braun, 2x 6 cm
- 1 Swarovski-Herz zum Aufbügeln
- Rocailles in Rosa
- 1 Applikation Gämse mit Edelweiß
- 1 Applikation Schmetterling
- 1 Samtschleife in Rosa

Tipps: Sie werden länger Freude an den Shirts haben, wenn Sie jedes Mal vor dem Waschen die Herzen abnehmen. Oder gleich einen Klettverschluss auf die Rückseite der Herzen und das T-Shirt nähen.

Haben Sie noch etwas Ripsband übrig, können Sie daraus locker eine Schleife um den Hals des Kindes binden – oder auch um das Handgelenk.

Zuschneiden
FILZ
1x Schnittteil „Kindershirt Lebkuchenherz"
1x Schnittteil „Shirt/Ring kleines Lebkuchenherz"

Nahtzugaben
Alle Teile ohne Nahtzugaben zuschneiden.

Schnittmusterbogen B

Alpenchic für Kids 79

Schnelles Shirt

Mit einer Rüsche versehen wird das Lebkuchenherz (siehe S. 78) auf dem T-Shirt sehr zünftig. Dafür kommt diese schnelle Variante ohne Applikationen und Perlen aus. Eine rote Schleife komplettiert den Look.

Mädchen-Puffärmel

Vorbereiten

An allen langen Kanten jeweils 2x 1 cm Nahtzugabe für die Gummitunnel nach innen umbügeln und mit Stecknadeln fixieren.

Nähen

1 Nun zuerst die kurzen Seiten schließen. Dazu den Stoff rechts auf rechts legen und die Naht in 1 cm Breite zusammensteppen. Auch die umgebügelten Nahtzugaben am Rand etwas öffnen, um von oben bis unten die Naht vollständig schließen zu können. Die Nahtzugaben mit Zickzack-Stich versäubern.

2 Alle Gummitunnel schmalkantig absteppen. Dabei nicht vergessen, eine kleine Öffnung zum Einziehen des Gummis offen zu lassen.

3 Die Hutgummibänder einziehen und verknoten.

Größe 10 cm lang
Material
♥ bestickter Organza, 15 cm x 64 cm
♥ Hutgummiband, 4x 23 cm

Zuschneiden
ORGANZA
2x Rechteck 15 cm x 32 cm

Nahtzugaben
Die Nahtzugaben sind bei den angegebenen Maßen schon eingerechnet.

Alpenchic für Kids

So schick wie Mama

Ein kleines Kleid, ein Kropfband, eine Flechtfrisur: schon sind junge Damen herzallerliebst gestylt. Das Fest kann beginnen!

Kinderträgerrock mit Kuh

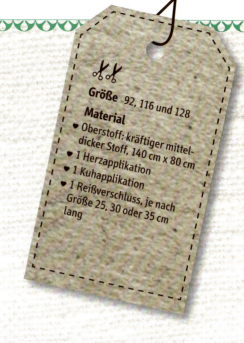

Größe 92, 116 und 128
Material
- Oberstoff: kräftiger mitteldicker Stoff, 140 cm x 80 cm
- 1 Herzapplikation
- 1 Kuhapplikation
- 1 Reißverschluss, je nach Größe 25, 30 oder 35 cm lang

Vorbereiten

Alle Kanten außer an den Trägern mit Zickzack-Stich versäubern. Vorder- und Rückenteilsäume 3 cm nach innen bügeln. Tascheneingriff 2x 1 cm nach innen umbügeln.
Träger jeweils an beiden langen Seiten 1 cm breit nach innen umbügeln, dann längs zur Hälfte umbügeln und feststecken. Verstürzen und so bügeln, dass die Naht mittig sitzt.

Zuschneiden
OBERSTOFF
2x Schnittteil „Vorderteil", gegengleich
2x Schnittteil „Vorderteilbeleg", gegengleich
2x Schnittteil „Rückenteil", gegengleich
2x Schnittteil „Rückenteilbeleg", gegengleich
2x Schnittteil „Träger"
2x Schnittteil „Tasche", am besten im schrägen Fadenlauf

Nahtzugaben
Vorderteil und Vorderteilbeleg an der vorderen Mitte für den Reißverschluss mit 2 cm Nahtzugabe zuschneiden, am Saum mit 3 cm Saumzugabe, sonst mit 1 cm Nahtzugabe zuschneiden.

Schnittmusterbogen A

Nähen

1 Die Abnäher im Vorder- und Rückenteil absteppen (siehe S. 104). Die Naht in der vorderen Mitte in 1 cm Breite schließen und die Nahtzugaben auseinanderbügeln.

2 Den Reißverschluss in das Vorderteil einarbeiten: Dazu den Steppstich der Nähmaschine auf die größtmögliche Stichlänge oder sogar Heftstich einstellen. Nun ohne zu vernähen die Öffnung für den Reißverschluss bis zum markierten Reißverschlussende zunähen. Dann den Stich wieder auf die gewohnte Länge stellen. Den Anfang vernähen – dabei unterhalb des markierten Reißverschlussendes bleiben – und den Rest der Naht bis zum Saum nähen. Die Nahtzugaben auseinanderbügeln. Nun die Öffnung für den Reißverschluss wieder auftrennen. Den Reißverschluss zum Einnähen öffnen. Zuerst das linke Reißverschlussband bei geöffnetem Reißverschluss einnähen: den Beginn der Reißverschlusszähnchen 1 cm unter die vordere Kante des linken Vorderteils stecken, dabei die Nahtzugabe für den Vorderteilbeleg bedenken. Das Vorderteil so festgesteckt unter das Nähmaschinenfüßchen legen und die Nadel in die rechte Nadelposition bringen. So kann näher am Reißverschluss gearbeitet werden. Nun die ersten 2 cm in ca. 0,7 cm Breite steppen. Im weiteren Verlauf den offenen Reißverschluss gerade unter das Füßchen legen und ihn locker und ohne zu ziehen mit der Vorderteil-Kante abdecken. 1 cm länger als die vorgesehene Öffnung den Reißverschluss fertig einsteppen, die Nähnadel im Stoff stecken lassen, aber das Nähfüßchen anheben. Nun den Reißverschluss unter dem Füßchen schließen. Nun das Teil um 90 Grad drehen. Ca. 3 Stiche bis zur vorderen Mittelnaht nähen, danach nochmals 3 Stiche, um den gleichen Abstand wie auf der anderen Seite zu haben. Nun nochmals das Teil um 90 Grad drehen und das rechte Reißverschlußband festnähen. An der oberen Kante müssen Stoff und Reißverschluss übereinstimmen. Mit Rückstichen das Nahtende sichern und von links über den Reißverschluss bügeln. Geschafft!

Alpenchic für Kids 83

3 Den umgeschlagenen Tascheneingriff schmalkantig absteppen. Mit großen Stichen an den Rundungen der Taschen Reihfäden einarbeiten (siehe S. 108) und diese etwas ziehen, bis die Rundungen sich leichter legen lassen. Die Nahtzugabe 1 cm breit nach innen umbügeln. Die Taschen auf das Rückenteil aufsteppen; bei einer davon die Herzapplikation aufbügeln.

4 Die Träger mit der Naht nach oben mit Nadeln entsprechend der Markierung auf der linken Seite von Vorderteil und Rückenteil fixieren, sodass der Träger nach unten über Vorder- und Rückenteil reicht.

5 Das Vorder- und Rückenteil rechts auf rechts aufeinanderlegen und beide Seitennähte 1 cm breit bis zum Saum schließen. Nahtzugaben auseinanderbügeln.

6 Die kurze vordere Mittelnaht am Vorderteilbeleg schließen und dann die Belege an den Seitennähten zusammennähen. Den Beleg rechts auf rechts am geöffneten Reißverschluss anlegen. Nun die Nahtzugabe des Rückenteilbeleges 2 cm breit um die Zähnchen des Reißverschlusses herum auf die linke Stoffseite schlagen. In 1 cm Abstand von der oberen Kante den Beleg ringsum feststeppen. Seitennähte treffen auf Seitennähte, die Träger sind dazwischengefasst. Den Beleg nach oben ziehen, die Nahtzugaben auseinanderbügeln. Anschließend den Beleg nach innen klappen und nochmals darüberbügeln. An der vorderen Kante die Nahtzugabe des Belegs so einschlagen, dass sie den Reißverschluss beim Schließen nicht behindert, und sie auf der Nahtlinie des Reißverschlusses etwas feststeppen. In der vorderen Mitte den Beleg mit einigen Steppstichen auf das Vorderteil steppen. Die Kuhapplikation aufnähen.

7 Den Saum in 3 cm Breite von innen absteppen.

Tipp: Auch in Jeansstoff ist das ein wunderschönes Modell. Wer mag, kann dieses Modell mit Borten, Bändern oder farbig abgesetzten Steppnähten weiter verzieren.

Hinweis: Wer sich beim Fixieren der Träger unsicher ist, näht den Beleg wie unter 6 beschrieben an die obere Kante. Dann wird das Kleid anprobiert und die Träger werden in der richtigen Länge ans Kleid gesteckt. Das Kleid wieder ausziehen, einige Stiche der Naht öffnen, die Träger dazwischenschieben und die Naht von innen wieder schließen.

Mädchen-Kropfband

Anleitung

Die Applikationen auf das Band aufnähen oder -kleben. Dabei darauf achten, dass die größte Applikation an der Seite liegt.

Tipp: Wenn Sie das Kropfband nicht binden möchten, können Sie an den Enden einen Klettverschluss anbringen.

Größe 75 cm lang, Applikationen ø 3–5 cm

Material
- 1,5 cm breites Samt- oder Satinband, 75 cm
- 3 Applikationen oder Knöpfe

Alpenchic für Kids

Hüttenschuhe

Von Kopf bis Fuß „alpenchic": Für warme Füße bei Buben und Mädchen sorgen zünftige Hüttenschuhe.

Alpenchic für Kids 87

Hüttenschuhe für Buben

Vorbereiten

An den Schuhteilen die Nahtzugabe der Oberkante von der rückwärtigen Mittelnaht bis zur Markierung abschneiden. Am Schrägstreifen an einer Längsseite 1 cm nach innen umbügeln.

Zuschneiden
OBERSTOFF
4x Schnittteil „Schuh", je 2x gegengleich
2x Schnittteil „Sohle", gegengleich

BAUMWOLLSTOFF
Schrägstreifen, 5 cm breit und 2x 45 cm lang

FILZ
2x Schnittteil „Hirschgeweih"

Nahtzugaben
Alle Teile mit 1 cm Nahtzugabe zuschneiden, die Schrägstreifen und die Hirschgeweihe ohne Nahtzugabe zuschneiden.

Schnittmusterbogen B

Nähen

1 Jeweils zwei gegengleiche Schuhteile rechts auf rechts legen und die hintere Fersennaht an beiden Teilen in 1 cm Breite schließen. Nahtzugaben auseinanderbügeln.

2 Schuhteile wieder rechts auf rechts legen und vordere Schuhspitzennaht an beiden Teilen bis zur Markierung in 1 cm Breite schließen. Schuhteile wenden; jeweils ein Hirschgeweih mittig auf die vordere Mittelnaht steppen.

3 Das Namensschild auf die Innenseite der Sohle nähen.

4 Schuhteil links auf links auf die Sohle stecken, dabei beachten, dass ein rechter und ein linker Schuh entsteht. Schuhspitze trifft auf vordere Sohlenmitte, Fersennaht auf hintere Sohlenmitte. In 1 cm Breite zusammensteppen.

5 Schrägband mit der nicht umgebügelten Seite in 1 cm Breite an die Sohlennaht steppen; dabei liegt die rechte Seite des Schrägbands auf der unteren Seite der Schuhsohle. Schrägband um die Sohlennaht herum nach oben klappen und mit einer 2. Naht schmalkantig feststeppen (siehe S. 109).

6 Das braune Samtripsband jeweils zur Hälfte falten und am oberen Rand quer über die Außenseite der hinteren Fersennaht steppen.

7 Den zweiten Schuh ebenso arbeiten.

Tipp: Mit beschriftetem Namensschild gibt's im Kindergarten keine Verwechslung mehr.

Größe 22/23 und 24/25
Material
- Oberstoff: 3 mm dicker Filz in Grün, 20 cm x 45 cm
- Baumwollstoff in Schwarz-Beige-Weiß kariert, 50 cm x 50 cm
- 3 mm dicker Filz in Braun, Rest
- 1 cm breites Samtripsband in Braun, 2x 6 cm
- 2 Namensschildapplikationen in Grün

Hüttenschuhe für Mädchen

Anleitung

1 Jeweils 1 Filzteil und 1 Sohlenteil links auf links aufeinanderstecken. Beide Sohlenteile 0,8 cm breit aufeinandernähen. Die Namensschilder aufnähen oder aufkleben.

2 Jeweils 2 gegengleiche Schuhteile des Oberstoffs rechts auf rechts aufeinanderlegen, die Fersennaht schließen und die Nahtzugabe auseinanderbügeln. Auch vom Futterstoff jeweils 2 gegengleiche Teile rechts auf rechts aufeinanderlegen, die Fersennaht schließen und die Nahtzugabe auseinanderbügeln.

3 Die Enden der roten Satinbänder versengen, die Bänder zur Hälfte falten und senkrecht über die Fersennaht der Oberstoffteile legen. Mit zwei Quernähten knapp unter der Oberkante und 1 cm davon entfernt festnähen.

4 Jeweils ein zusammengestepptes Oberstoff- und ein zusammengestepptes Futterstoffteil rechts auf rechts aufeinanderlegen und von Markierung bis Markierung die Ausschnittkante 1 cm breit absteppen. Aufklappen und die Nahtzugaben auseinanderbügeln. Nun die Oberstoffteile rechts auf rechts legen und die vordere Mittelnaht von der Markierung bis zum Ende schließen. Auch an den Futterteilen die Naht schließen. Alle Nahtzugaben auseinanderbügeln. Oberstoff und Futter 0,8 cm vom unteren Rand aufeinandernähen. Das erleichtert das Weiterarbeiten.

5 Das so entstandene Schuhteil auf das Sohlenteil rechts auf rechts stecken – dabei liegt das Futterteil außen – und alles 1 cm breit absteppen. Schuhspitze trifft auf vordere Sohlenmitte, Fersennaht auf hintere Sohlenmitte. Die Nahtzugabe etwas zurückschneiden, die Sohlenansatznaht mit einem Zickzack-Stich versäubern und die Schuhe wenden.

6 Aus dem roten Samtband je 1 Schleife binden und von Hand auf die vordere Mittelnaht nähen. Unterhalb des Satinbandes in der Rückenmitte jeweils einen Knopf aufnähen. Den zweiten Schuh ebenso nähen.

Zuschneiden
OBERSTOFF
4x Schnittteil „Schuh", je 2x gegengleich
FUTTERSTOFF
4x Schnittteil „Schuh", je 2x gegengleich
SOHLE
2x Schnittteil „Sohle", gegengleich
FILZ
2x Schnittteil „Sohle", gegengleich

Nahtzugaben
Alle Teile mit 1 cm Nahtzugabe zuschneiden.

Schnittmusterbogen B

Größe 22/23 und 24/25
Material
- Oberstoff: Baumwolldamast in Weiß, 90 cm x 15 cm
- Futterstoff: Baumwollstoff in Rosa-Weiß kariert, 90 cm x 15 cm
- Sohle: beschichteter Baumwollstoff in Rot-Weiß kariert, 15 cm
- 5 mm dicker Filz in Ecru, Rest
- 1 cm breites Satinband in Rot, 2x 5 cm
- 2 Edelweißknöpfe
- 1 cm breites Samtband in Rot, 2x 12 cm
- 2 Namensschildapplikationen in Rosa

Alpenchic für Kids

Für alle Lagen ausgerüstet

Für Mädchen gibt's natürlich auch was: Fesche Lebkuchenherzerl-Shirts oder Plüschjanker kommen bei den Kleinen sicher gut an!

Mädchen-Janker

Größe 116, 128 und 134

Material
- Oberstoff: Baumwollplüsch oder Walkstoff in Natur, 100 cm x 70 cm
- Futterstoff: Baumwollbuntgewebe in Pastellgrün mit roten Karos, 150 cm x 150 cm
- 2 Trachtenschließen
- 1 Herzapplikation
- 1 Edelweißapplikation
- 0,5 cm breites Samtband in Rot, 10 cm für Aufhänger

Vorbereiten

Alle Kanten mit Zickzack-Stich versäubern außer an den Schrägstreifen.
Die Schrägstreifen längs zur Hälfte bügeln. Danach an einer Längskante 1 cm Nahtzugabe nach innen bügeln.
An der Tasche den Tascheneingriff 1 cm breit nach innen bügeln.

Nähen

1 Schrägstreifen in passender Länge rechts auf rechts in 1 cm Breite an die Taschenaußenseiten nähen. Den Schrägstreifen nach innen klappen und schmalkantig feststeppen. Danach am Tascheneingriff die Nahtzugabe schmalkantig absteppen. Auf die gleiche Art Schrägstreifen an den Ärmelsäumen annähen.

2 Vorderteil und Rückenteil rechts auf rechts legen. Schulternähte in 1 cm Breite schließen, an Oberstoff sowie Futter.

3 Die fertig gearbeiteten Taschen auf die Vorderteile steppen, knapp neben dem Schrägstreifen nähen.

4 In der Rückenmitte nun die Mehrweite einfalten. Entsprechend dem Schnittmuster für den Keil ca. 13 cm weit nach unten absteppen. Das Rückenteil an dieser Naht von außen mit den beiden Applikationen verschönern.

5 Den Futterbeleg, der an den kurzen Schulternähten bereits geschlossen ist, rechts auf rechts auf das Vorderteil an der Vorderteil-Kante und am Halsausschnitt entlang stecken und in 1 cm Breite annähen. Schulternähte an Beleg und Oberstoff treffen aufeinander. Die Nahtzugaben an den starken Rundungen am Halsausschnitt quer zur Naht einschneiden. An der Ecke des Kragens die Nahtzugaben quer abschneiden. Die

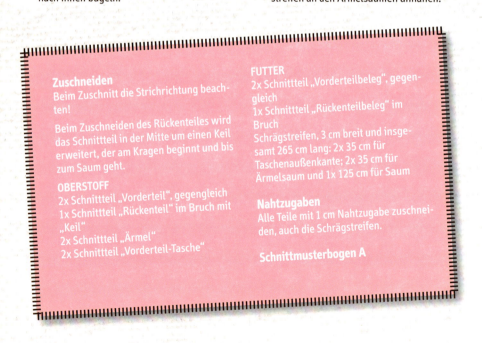

Zuschneiden
Beim Zuschnitt die Strichrichtung beachten!

Beim Zuschneiden des Rückenteiles wird das Schnittteil in der Mitte um einen Keil erweitert, der am Kragen beginnt und bis zum Saum geht.

OBERSTOFF
2x Schnittteil „Vorderteil", gegengleich
1x Schnittteil „Rückenteil" im Bruch mit „Keil"
2x Schnittteil „Ärmel"
2x Schnittteil „Vorderteil-Tasche"

FUTTER
2x Schnittteil „Vorderteilbeleg", gegengleich
1x Schnittteil „Rückenteilbeleg" im Bruch

Schrägstreifen, 3 cm breit und insgesamt 265 cm lang: 2x 35 cm für Taschenaußenkante; 2x 35 cm für Ärmelsaum und 1x 125 cm für Saum

Nahtzugaben
Alle Teile mit 1 cm Nahtzugabe zuschneiden, auch die Schrägstreifen.

Schnittmusterbogen A

Alpenchic für Kids 91

Nahtzugaben auseinanderbügeln, wenden und nochmals bügeln. Beleg auf die linke Seite des Oberstoffes stecken. Den Beleg schmalkantig feststeppen und dabei im Bereich der Rückenmitte den Aufhänger mitfassen.

6 Ärmel rechts auf rechts in die Armlöcher stecken und 1 cm breit feststeppen. Die Markierungen am Ärmel beachten: Die erste Markierung ist am Vorderteil, die Markierung an der höchsten Stelle der Armkugel trifft die Schulternaht.

7 Ärmel- und Seitennähte 1 cm breit rechts auf rechts in einem Zug zusammennähen und die Nahtzugaben auseinanderbügeln.

8 Schrägstreifen an der Saumkante genauso annähen wie an der Ärmelkante. An den vorderen Kanten, jeweils einfach nur 2 cm Nahtzugabe am Schrägstreifen nach innen klappen und übersteppen.

9 Den ersten Verschluss ca. 4 cm von der oberen Kante entfernt aufnähen, den zweiten Verschluss ca. 1 cm davon entfernt. Das Ösenteil bündig mit der vorderen Kante auf das rechte Vorderteil nähen. Das Hakenteil gegenüber auf das linke Vorderteil, ca. 2 cm von der vorderen Kante entfernt.

Tipp: Beim Zuschneiden des Schrägbandes fallen dreieckige Stoffreste an. Benutzen Sie so ein Dreieck als Halstuch für die Kinder. Bügeln Sie schmale Nahtzugaben nach innen um, steppen Sie die Nahtzugaben ab und verschönern Sie auf Wunsch das Tuch mit Bändern, Borten oder sogar einem Edelweiß aus Filz.

Bedrucktes Kinder-T-Shirt

Anleitung

1 Das T-Shirt faltenfrei auf eine harte Unterlage legen und ein Stück Pappe in das Shirt schieben, damit die Farbe nicht durchdrückt.

2 Den Rand des Plätzchenausstechers vorsichtig gleichmäßig mit Farbe bestreichen und vorsichtig auf die vorgesehene Stelle auf dem T-Shirt (z. B. mittig am Vorderteil auf Brusthöhe) drücken und wieder abheben. Eventuell an ein oder zwei Stellen die Farbe vorsichtig nach außen verwischen, dann sieht es so aus, als hätte Bambi tatsächlich ein Fell.

3 Das T-Shirt trocknen lassen und die Farbe laut Gebrauchsanweisung des Herstellers fixieren.

Tipp: Verschönern Sie das T-Shirt zusätzlich mit Perlen oder mit dem Namen der Trägerin.

Größe Alle Größen
Material
- 1 fertiges, weißes Kinder-T-Shirt
- 1 Plätzchenausstecher Bambi
- 1 Tube Glitter-Textilfarbe
- 1 Stück Pappe, etwas kleiner als das T-Shirt

Alpenchic für Kids

Kinderbluse

Vorbereiten

Am Schrägstreifen an einer Seite die Nahtzugabe nach innen umbügeln. Die Säume an Vorderteil und Rückenteil 2x 1 cm nach innen umbügeln. Ärmelnähte des Vorder- und Rückenteiles mit Zickzack-Stich versäubern. An jeder Gummirüsche die Mitte mit einer Nadel markieren. Auch am Ärmelsaum die Mitte markieren.

Nähen

1 Die Elastikrüsche rechts auf rechts an den Ärmelsaum legen und gedehnt mit Zickzack-Stich aufnähen. Die Markierungen für die Mitte an Rüsche und Ärmel treffen aufeinander (ausführliche Beschreibung siehe „Puffärmel", Seite 62).

2 Die Ärmel an die Armausschnitte rechts auf rechts feststecken; dabei darauf achten, dass jeweils wie im Schnitt markiert die richtige Ärmelseite an Vorder- und Rückenteil kommt. In 1 cm Breite zusammennähen, Nahtzugaben gemeinsam mit Zickzack-Stich versäubern, ins Vorder- bzw. Rückenteil bügeln und schmalkantig feststeppen.

3 Die offene Seite des Schrägstreifens rechts auf rechts an den Ausschnitt stecken. An der Rückenmitte treffen sich Anfang und Ende des Schrägstreifens: Dazu nur 2 cm Nahtzugabe nach oben klappen und einfach darübersteppen – eine kleine Öffnung bleibt dabei für den Gummizug an der Höhe des Schrägstreifens frei. Den Schrägstreifen in einer Naht Stück für Stück 1 cm breit feststeppen. Die Nahtzugaben auseinanderbügeln und den Schrägstreifen nach innen klappen. Nun den Schrägstreifen mit einer zweiten Naht schmalkantig auf dem Vorderteil festnähen.

Größe 116, 128 und 140

Material
- Oberstoff: Baumwollstoff in Weiß, 70 cm x 150 cm
- Organza mit bereits aufgenähten Stoffblüten in Weiß, 30 cm x 90 cm
- 0,5 cm breites Gummiband, 45 cm lang
- 2,0 cm breite Gummirüsche, 2x 22 cm

4 Die kurze Ärmel- und Seitennaht in einem Zug rechts auf rechts in 1 cm Breite schließen. Die Säume im Bereich der Seitennähte etwas aufklappen. Die Nahtzugaben gemeinsam mit Zickzack-Stich versäubern.

5 Den Saum schmalkantig absteppen.

6 Den Gummi durch die kleine Öffnung am Schrägstreifen in der Rückenmitte einziehen und verknoten oder von Hand zusammennähen.

Tipp: Wer mag, kann eine Blüte vom Organza an die vordere Mitte von Hand annähen.

Zuschneiden
Erzeugen Sie vor dem Zuschneiden am Baumwollstoff 2 Stoffbrüche und legen Sie an jeden Stoffbruch jeweils 1 Schnittteil „Vorderteil" und 1 Schnittteil „Rückenteil" an.

OBERSTOFF
1x Schnittteil „Vorderteil" im Bruch
1x Schnittteil „Rückenteil" im Bruch
Schrägstreifen, 4 cm breit und ca. 75 cm lang

BLÜTENORGANZA
2x Schnittteil „Ärmel"

Nahtzugaben
Den Saum an Vorderteil und Rückenteil mit 2 cm Nahtzugabe, die übrigen Kanten an allen Teilen mit 1 cm Nahtzugabe zuschneiden, auch am Schrägstreifen.

Schnittmusterbogen B

Alpenchic für Kids

Mädchen-Rucksack

Vorbereiten
Die Posamentenborte auf Tresse und Henkel stecken.

Nähen

1 Die Posamentenborte an Träger und Henkel mit Zickzack-Stich feststeppen.

2 Den Klettverschluss laut Schnittzeichnung feststeppen.

3 Das Rucksackteil wenden, auf die Gegenseite vom Klettverschluss die Träger feststecken und mit dem Namensschild abdecken. Die Träger sind nun verdeckt und nochmals gesichert. Das Namensschild feststeppen.

4 Den Henkel laut Schnittzeichnung über dem Namensschild mittig aufsteppen.

5 Die Enden der Träger rechts und links kurz vor dem Boden laut Musterzeichnung fixieren. Nun die Seitennähte in 1 cm Breite schließen. Den Boden an die Seitennaht steppen. Den Rucksack wenden.

6 Auf die Klappe des Rucksacks eine passende Alpenchic-Applikation nähen.

Tipp: Aus den Filz- und Stoffresten können Sie noch einen Schlüsselanhänger nähen. Dazu einen 3 cm breiten und 27 cm langen Filzstreifen mit Borten, Rüschen und Knöpfen verschönern. Einen Schlüsselring auffädeln, den Filzstreifen 5 cm breit um den Ring umschlagen und festnähen. Die Naht mit Samtband und Knopf verdecken. Ein Knopfloch 1 cm vom oberen Rand entfernt einschneiden. Einen Knopf an den Henkel nähen.

Größe 30 cm x 23 cm

Material
- 5 mm dicker Filz in Pink, 90 cm x 45 cm
- 3 cm breite Tresse in Weiß, 2x 50 cm für die Träger
- 1 cm breite Posamentenborte in Weinrot, 2x 50 cm für die Träger und 25 cm für den Henkel
- 1 Namensschild-Applikation in Rosa
- 2 cm breiter Klettverschluss, 6 cm
- 1 Alpenchic-Applikation „Ziege"

Zuschneiden
FILZ
1x Schnittteil „Rucksack"
1x Schnittteil „Henkel"

Nahtzugaben
Das Schnittteil Rucksack mit 1 cm Nahtzugabe zuschneiden. Die Henkel ohne Nahtzugabe zuschneiden.

Schnittmusterbogen B

Herzchenkette

Vorbereiten
Perlen auf den Nylonfaden fädeln, jedoch noch beide Enden offen lassen. Das Samtband als Aufhänger zur Hälfte falten, die Enden zusammensteppen.

Nähen

1 Das mittig zusammengenähte Samtband als Aufhänger in der Mitte des Herzens oben in ca. 0,8 cm Breite festnähen.

2 Nun die beiden Herzen rechts auf rechts aufeinanderlegen und zusammensteppen. Mit einem Papierherz in Originalgröße ohne Nahtzugabe als Schablone geht es noch genauer. Eine kleine Öffnung an einer geraden Stelle zum Wenden und Füllen offen lassen.

3 Das Herz wenden, fest mit Füllwatte stopfen und die Öffnung mit einigen Handstichen unsichtbar schließen.

4 In den Aufhänger die Perlenkette fädeln und schließen, eventuell mit einigen Stichen am Ripsaufhänger festnähen.

Zuschneiden
SEIDENSTOFF
2x Schnittteil „Herzchen-Kette"

Nahtzugaben
Alle Teile mit 1 cm Nahtzugabe zuschneiden.

Schnittmusterbogen A

Größe 60 cm lang,
Herz 6 cm x 7 cm

Material
- ♥ Seidenstoff oder Baumwoll-buntgewebe, Reste
- ♥ Perlen für eine Kette von 60 cm Länge
- ♥ Perlenfaden aus Nylon
- ♥ etwas Füllwatte
- ♥ 0,5 cm breites Samtband, 6 cm
- ♥ 2 Rosenknöpfe

Alpenchic für Kids

Draußen daheim

Rustikaler Alpenchic für Buben: Ein zünftiger Janker mit passendem Rucksack ist schnell genäht.

Buben-Janker

Größe 116, 128 und 134

Material
- Oberstoff: Baumwollplüsch in Natur, 100 cm x 140 cm
- Futterstoff: Baumwollbuntgewebe in Schwarz-Beige-Weiß kariert, 150 cm x 70 cm
- 4 Langlochholzknöpfe
- Zum Oberstoff passendes Schrägband, 2 m
- 1 Kunststofftier (hier: Frischling)
- 1 cm breites Samtband in Braun, 10 cm
- 0,5 cm breites Samtband in Braun, 10 cm

Zuschneiden
Beim Zuschnitt die Strichrichtung beachten!

OBERSTOFF
2x Schnittteil „Vorderteil", gegengleich
1x Schnittteil „Rückenteil" im Bruch
2x Schnittteil „Ärmel", gegengleich
2x Schnittteil „Vorderteil-Tasche", gegengleich

FUTTERSTOFF
2x Schnittteil „Vorderteilbeleg", gegengleich
1x Schnittteil „Rückenteilbeleg" im Bruch
2x Schnittteil „Ärmelflicken"

Nahtzugaben
Alle Teile mit 1 cm Nahtzugabe zuschneiden.

Schnittmusterbogen A

Vorbereiten
Alle Schnittkanten mit Zickzack-Stich versäubern. Bei den Taschen im Bereich der Rundung und an den Ärmelflicken in ca. 0,8 cm Breite mit großen Stichen vornähen (siehe S. 108).

Nähen

1 Um den Ärmelsaum und die Tascheneingriffe den fertig gekauften Schrägstreifen legen und mit Zickzack-Stich festnähen.

2 Schulternähte an Oberstoff und Futter in 1 cm Breite schließen.

3 An den Taschen die Hilfsfäden an den Rundungen etwas anziehen. Dadurch legt sich die Rundung. Dann die Nahtzugaben 1 cm breit umbügeln. Die Taschen auf die Vorderteile steppen. Am Tascheneingriff jeweils auf dem ersten und letzten Zentimeter mit dicht eingestelltem Zickzack-Stich quer zur Steppnaht den Tascheneingriff sichern.

4 Den Beleg, an dem die kurzen Schulternähte bereits geschlossen wurden, rechts auf rechts auf das Vorderteil an der Kante und am Halsausschnitt entlang stecken und in 1 cm Breite festnähen. Die Schulternähte an Futter und Oberstoff treffen aufeinander. Die Nahtzugaben an den Rundungen quer zur Naht einschneiden, dabei die Naht nicht durchtrennen. An der Ecke des Kragens die Nahtzugabe quer abschneiden. Die Nahtzugaben auseinanderbügeln, wenden und nochmals bügeln.

5 Die Reihfäden der Ärmelflicken anziehen, die Nahtzugaben vorsichtig nach innen bügeln. Ärmelflicken in die rückwärtige Ärmelhälfte feststecken und schmalkantig aufsteppen. Den Beleg links auf links auf den Oberstoff stecken, schmalkantig feststeppen und in der Rückenmitte dabei den Aufhänger mitfassen.

6 Ärmel rechts auf rechts ins Armloch stecken und in 1 cm Breite feststeppen. Dabei die Markierungen am Ärmel beachten: Die erste Markierung ist am Vorderteil, die Markierung an der höchsten Stelle der Armkugel trifft die Schulternaht.

Alpenchic für Kids 99

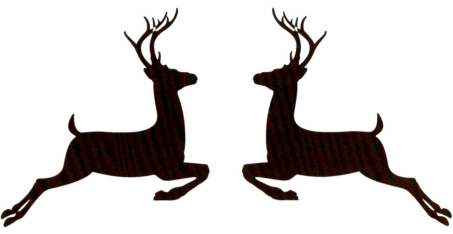

7 Alle Langlochknöpfe auf den zusammengelegten Schrägstreifen fädeln und entsprechend dem Vorderteil gleichmäßig verteilen. Das Schrägband auf das rechte Vorderteil direkt auf die vordere Mitte, 2 cm von der vorderen Kante entfernt, aufnähen. Dabei jeweils schmalkantig am Schrägstreifen entlang bis knapp vor den nächsten Knopf nähen, dann eine kurze Quernaht über das Band und schmalkantig wieder zurück. Weil die Knöpfe recht groß sind, kann man nicht bis direkt an sie herannähen. Sie können deswegen noch etwas verschoben werden.

8 Die Ärmel- und Seitennähte in 1 cm Breite rechts auf rechts in einem Zug zusammennähen und die Nahtzugaben auseinanderbügeln.

9 Den Schrägstreifen an der unteren Saumkante feststecken, sodass an den Enden der vorderen Kante jeweils noch 2 cm überstehen. Mit Zickzack-Stich wie bei der Ärmelkante festnähen. An den Enden jeweils einfach nur die überstehenden 2 cm Schrägstreifen nach innen klappen und übersteppen.

10 Am linken Vorderteil ca. 1,6 cm von der vorderen Kante entfernt Knopflöcher quer zur vorderen Mitte arbeiten.

11 Das breite Samtband in der Mitte falten und von Hand in die obere Ecke der linken Tasche nähen. Darauf die Tierfigur gemäß Abbildung festnähen.

Tipps In diesen Janker können Sie eine „Alarmanlage" einbauen! Vorlage „Hände weg! Diese tolle Jacke gehört,.." auf ein Stück Nesselstoff mit Stoffmalstift schreiben. Nahtzugaben nach innen bügeln und von innen in das Rückenteil des Jankers steppen.

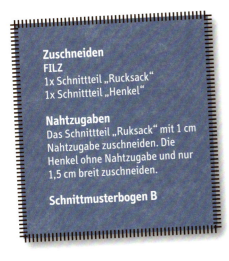

Zuschneiden
FILZ
1x Schnittteil „Rucksack"
1x Schnittteil „Henkel"

Nahtzugaben
Das Schnittteil „Ruksack" mit 1 cm Nahtzugabe zuschneiden. Die Henkel ohne Nahtzugabe und nur 1,5 cm breit zuschneiden.

Schnittmusterbogen B

Größe 30 cm x 23 cm

Material
- 5 mm dicker Filz in Türkis, 90 cm x 45 cm
- 3 cm breite Tresse in Weiß, 2x 50 cm für die Träger und 1x 25 cm für den Henkel
- 1 cm breites Samtband in Braun, 2x 50 cm für die Träger
- 1 Namensschild-Applikation in Grün
- 2 cm breiter Klettverschluss, 6 cm
- 1 Kuhapplikation
- Baumwollplüsch in Hellbraun als „Wiesenstück"
- 2 Edelweißknöpfe

Buben-Rucksack

Vorbereiten

25 cm von der Tresse abschneiden und den Henkel daraufstecken.
Das Samtband auf die verbleibenden 100 cm Tresse stecken.

Nähen

1 Das Samtband schmalkantig beidseitig feststeppen und in 2x 50 cm Länge zerschneiden. Den Henkel schmalkantig auf die kurze Tresse steppen. 2 cm Nahtzugabe an beiden Enden stehenlassen und nach innen umklappen.

2 Den Klettverschluss auf dem Rucksack feststeppen.

3 Das Rucksackteil wenden, auf die Gegenseite vom Klettverschluss die Träger feststecken und mit dem Namensschild abdecken. Die Träger sind nun verdeckt und nochmals gesichert. Das Namensschild feststeppen.

4 Den Henkel laut Musterzeichnung über dem Namensschild mittig aufsteppen.

5 Die Enden der Träger kurz vor dem Boden fixieren. Nun die Seitennähte in 1 cm Breite schließen. Den Boden an die Seitennaht steppen. Den Rucksack wenden.

6 Die Ränder des Wiesenstücks mit Zickzack-Stich versäubern und das Stück auf die Klappe des Rucksackerls nähen. Auf die Wiese die Kuh stellen (aufbügeln) und 2 Edelweißknöpfe von Hand aufnähen.

Tipp: Dieses Rucksackerl ist genau so wie das des Mädchens genäht, nur etwas aufwendiger im Detail: Der Henkel wurde mit Tresseband unterlegt, die Träger zusätzlich mit Samtband belegt, und der Boden wurde mit dem gleichen Jankerstoff wie das Wiesenstück verstärkt, der mit Schrägstreifen eingefasst und als Tasche aufgenäht wurde. An der Seitennaht noch eine kleine Schlaufe für den Kompass o. ä. mitgefasst. Vielleicht fallen Ihnen noch mehr Details ein, die Sie umsetzen können.

Alpenchic für Kids

ABC der Nähtechniken

Damit das Nacharbeiten der Alpenchic-Modelle auch nicht ganz so versierten Schneiderinnen im Handumdrehen gelingt, sind alle wichtigen Nähtechniken noch einmal in Wort und Bild erklärt: Von „A" wie Abnäher bis „Z" für Zuschneiden!

Abnäher

Anweisung für Trägerrock
Ein Abnäher nimmt Weite weg, ohne dass man in den Stoff schneiden muss. Er sieht im Schnitt wie eine langgezogene Raute aus.
Aus dem Papierschnitt werden lediglich die Eckpunkte der Raute auf den Stoff übertragen. Dazu mit Stecknadeln in die Eckpunkte im Papierschnitt durch den Stoff stechen. Mit einem Bleistift oder Schneiderkreide können nun diese Punkte markiert werden.

Den Stoff in der Mitte zusammenlegen. Die oberen und unteren Markierungen helfen dabei. Dann von der oberen Markierung beginnend in Richtung mittlerer Markierung steppen (Nahtanfang vorsichtig vernähen). Diese sollten Sie treffen. Dort den Stoff drehen und weiter Richtung unterer Markierung steppen. Dann einfach einige Stiche über den Stoff hinausnähen. Die Enden werden dabei verzwirbelt und die Fäden gehen nicht so leicht auf.

Borten und Bänder

Aufsteppen
Bei schmalen Borten genügt es oft schon, sie mit einer einzigen Steppnaht in der Mitte aufzusteppen. Bei dickeren Borten rechts und links entlang schmalkantig aufsteppen. Bei manchen Borten oder Bändern kann man auch mit Zickzack-Stich arbeiten.

Weiterverarbeiten
An allen Bändern mit einem hohen Kunstfaseranteil versengen Sie vor dem Weiterverarbeiten die Enden mit einer Flamme, z. B. mit einem Streichholz. Vorsicht bei Baumwolle. Man kann sie nicht versengen – sie brennt!

Überblick verschaffen
Bänder und Borten wickeln Sie einfach auf ein entsprechend großes Kartonstück, sichern Sie die Enden mit Stecknadeln. So behalten Sie den Überblick über Ihre Materialien.

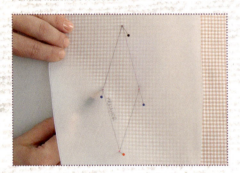

Auftrennen
Wo genäht wird, bleibt das Auftrennen nicht aus. Denken Sie beim Nähen schon daran, mit nicht zu eng eingestellten Stichen zu arbeiten. Das erleichtert das Trennen schon ungemein. Durchtrennen Sie einen ersten Stich, der ohne den Stoff zu verletzen gelöst werden kann. Dann trennen Sie mit der Spitze einer Schere den Faden Stich für Stich so weit auf, dass Sie ihn fassen können, und ziehen daran, bis er reißt. Auf der anderen Seite der Arbeit können Sie nun den Faden, der noch in der Naht steckt, abheben und dann auch wieder abziehen, bis er reißt. Auch vernähte Stellen lassen sich so einfach auftrennen.

Dirndltasche nähen

Auf die offene Tasche können Sie alle dekorativen und funktionellen Teile zuerst feststecken und dann feststeppen. Klettverschlüsse liegen innen. Wenn Sie eine Innentasche arbeiten möchten, dann auf der Seite der Klettverschlüsse. Bedenken Sie dabei, dass man die Steppnähte außen sieht. Die Nähte hier wurden in Kontrastfarbe genäht, damit sie auffälliger sind. Die Seitenteile wurden ebenfalls bereits an die vorhergesehene Stelle rechts auf rechts zwischen die Bodenmarkierungen in 1 cm Breite gesteppt. Dabei beginnt und endet die Naht 1 cm von den Rändern entfernt.

Ecke nähen beim Rucksack

Beim Rucksack muss man die Seitennähte in 1 cm Breite schließen. Die Seitennaht trifft auf die Markierung an der Mitte des Bodens. Quer zur Seitennaht in 1 cm Breite den Boden mit dem Seitenteil zusammensteppen. Nach dem Wenden ergibt sich eine saubere Ecke. Diese einfache Art, eine Ecke zu schließen, können Sie vielfach nutzen!

Einschneiden

Vor allem bei sehr kleinen und schmalen Elementen, z. B. dem Schlitz am Wendecape, können die Nahtzugaben sehr auftragen. Schneiden Sie die Zugaben in den Ecken bis knapp vor die Naht schräg ein. Hilfreich ist es, diese Stellen mit Einlage zu verstärken.

Fadenlauf

Damit Ihre selbst genähte Bekleidung gut sitzt und schön fällt, müssen Sie die Teile im Fadenlauf zuschneiden. Der Fadenlauf ist die Richtung der Kettfäden des Webstoffes, d. h. er läuft parallel zur Webkante.

Fantastic Plastic

Herstellung von Medaillons und Knöpfen mit Schrumpf-Folie

Drucken Sie ein geeignetes Bild (helle Fotos bevorzugt!) mittels Inkjetdrucker auf spezielle Schrumpf-Folie. Schneiden Sie anschließend das Bild aus, versehen es mit einem Loch zum Aufhängen oder zwei Löchern zum Annähen als Knopf und härten Sie die Folie nach Gebrauchsanweisung im Backofen. Vorsicht: Die Folie schrumpft sehr stark!

Fixieren

Säume oder Ähnliches fixieren Sie nach dem Bügeln mit Stecknadeln.
Bei den Dirndltaschen können die einzelnen Teile wie Schlaufen, Bänder oder Dekostoffe auch vorsichtig mit einigen Tropfen Textilkleber fixiert werden.

Klettverschlüsse

Klettverschlüsse bestehen aus zwei Teilen: einem weichen Band, dem Flauschband, und dem Gegenstück, dem Hakenband. Meistens ist es nicht entscheidend, welches Teil auf welche Seite genäht wird. Bedenken Sie jedoch, dass das Hakenband sich auch an haarigen Stoffen „festkrallt". Sehr einfach ist es, mit ihnen zu arbeiten: Gewünschte Länge abschneiden (es gibt sie sogar in unterschiedlichen Breiten und Farben) und ringsum dieses Stück an die gewünschte Stelle aufsteppen, Gegenstück anbringen und fertig. Man kann den Klettverschluss sogar noch zusätzlich nutzen, indem man unten den Verschluss z. B. Haltebänder (Strumpfbandtasche) oder funktionelle Details (Band mit Karabinerhaken) mitfasst.

Knopfloch

Die meisten Nähmaschinen haben eine Knopflochautomatik, bei der nur noch die Länge des Knopflochs eingestellt zu werden braucht. Die Länge des Knopflochs entspricht der Länge plus der Dicke des Knopfs, besser etwas zu klein als zu groß, da sich das Knopfloch noch etwas weitet.

Nähen

Beim Zusammennähen oder -steppen müssen Sie manchmal etwas umdenken. Es wird meist auf der Rückseite genäht und Sie müssen die „schöne Seite des Stoffes" – sie wird als rechte Seite bezeichnet – nach innen legen. Nun benötigen Sie das Bügeleisen! Bitte nicht darauf verzichten, gut gebügelt ist halb genäht. Legen Sie das genähte Stück offen, also flach mit der rechten Seite nach unten, auf das Bügelbrett und bügeln Sie die Nahtzugaben auseinander.
Achten Sie beim Nähen mit der Nähmaschine darauf, dass Ihre Maschine einwandfrei arbeitet. Ober- und Unterfadenspannung müssen optimal aufeinander abgestimmt sein, damit die Naht spannungsfrei im Stoff liegt.
Um eine Naht „unsichtbar" zu machen, ist es manchmal nötig, mit unterschiedlich farbigem Ober- und Unterfaden zu nähen.
Bedenken Sie beim Nähen, dass Nähte oft nicht an einem Stück genäht werden können, z. B. das Verstürzen des Halsausschnittes. Es ist immer wieder notwendig, das Nähgut ordentlich auszurichten, und manchmal kann man nur wenige Stiche auf einmal nähen. Dennoch gibt es einen Trick, wie Sie sich dies erleichtern. Lassen Sie beim Ausrichten immer die Nadel in ihrer tiefsten Position im Stoff stecken, heben Sie das Füßchen an und drehen Sie nun den Stoff in die neue Position. Das Füßchen wieder senken und weiternähen.

Nahtzugabe

In der Regel müssen Sie an alle Teile, die Sie zusammennähen möchten, eine Nahtzugabe zugeben. Wenn nichts anderes angegeben ist, ist die Breite der Nahtzugaben 1 cm.

Papierschnitte abnehmen

Bevor Sie mit dem Nähen beginnen können, müssen Sie die Schnitte vom Schnittbogen auf dünnes, durchscheinendes Schnittpapier abpausen. Sie können sich den späteren Zuschnitt erheblich erleichtern, indem Sie vor dem Ausschneiden der Papierschnitte schon die gewünschten Nahtzugaben anzeichnen. Arbeiten Sie hier sehr exakt mit Geodreieck und nicht nach Augenmaß!

Quer einschneiden

An starken Rundungen (Halsausschnitt und Ärmelrundung) müssen Sie die Nahtzugaben quer zur Naht einschneiden, damit sich die Nahtzugabe besser legt. Durchtrennen Sie aber dabei nicht die Naht!

Reißverschluss einarbeiten

Reißverschluss in der vorderen und rückwärtigen Mitte

Einen Reißverschluss arbeitet man am besten, wenn man alle Teile noch möglichst flach verarbeiten kann. Meist ist das Einarbeiten eines Reißverschlusses einer der ersten Arbeitsschritte.

Den Steppstich der Nähmaschine auf die größtmögliche Länge oder sogar Heftsticheinstellen. Nun ohne zu vernähen in 2 cm Breite von der vorderen Mitte entfernt die Öffnung für den Reißverschluss bis zum markierten Reißverschlussende zunähen. Dann den Stich wieder auf die gewohnte Länge stellen. Den Stichanfang vernähen und den Rest der Naht bis zum Saum zu Ende nähen, am Nahtende vernähen. Nun mit dem Bügeleisen die Nahtzugaben bis zum Saum auseinanderbügeln.

Nun die vorgesehene Öffnung für den Reißverschluss wieder auftrennen. Den Reißverschluss öffnen und das linke Reißverschlussband einnähen: den Beginn der Reißverschlusszähnchen 1 cm unter die vordere Kante des linken Vorderteils stecken, dabei die Nahtzugabe für den Vorderteilbeleg bedenken. Das Vorderteil so festgesteckt unter das Nähmaschinenfüßchen legen und die Nadel in die rechte Nadelposition bringen. So kann näher am Reißverschluss gearbeitet werden. Nun die ersten 2 cm in ca. 0,7 cm Breite steppen. Im weiteren Verlauf den offenen Reißverschluss gerade unter das Füßchen legen und ihn locker und ohne zu ziehen mit der Vorderteil-Kante abdecken.

1 cm länger als die vorgesehene Öffnung den Reißverschluss fertig einsteppen, die Nähnadel im Stoff stecken lassen, aber das Nähfüßchen anheben. Nun den Reißverschluss unter dem Füßchen schließen. Nun das Teil um 90 Grad drehen. Ca. 3 Stiche bis zur vorderen Mittelnaht nähen, danach nochmals 3 Stiche, um den gleichen Abstand wie auf der anderen Seite zu haben. Nun nochmals das Teil um 90 Grad drehen und das rechte Reißverschlußband festnähen. An der oberen Kante müssen Stoff und Reißverschluss übereinstimmen. Mit Rückstichen das Nahtende sichern und von links über den Reißverschluss bügeln. Geschafft!

Den Vorderteilbeleg an der Vorderteil-Kante nur um den Reißverschluss legen und ihn in 1 cm Breite mit festnähen.

Tipp: Ich benutze nur Reißverschlüsse als Meterware. Man schneidet die gewünschte Länge ab, fädelt den Schieber ein und bringt am Reißverschlußende einen 2 cm langen Riegel an, (Raupennaht wie beim Ring beschrieben), damit sich der RV nicht von unten öffnen kann.

Rundungen

An Ärmelflicken oder Taschen mit abgerundeten Ecken können Sie sich die Arbeit mit einem kleinen Trick erleichtern: Die Rundungen sind einfacher zu legen, wenn Sie Reihfäden in ca. 0,8 cm Breite mit großen Stichen einziehen – etwas über die Rundung hinaus. Dann ziehen Sie vorsichtig an einem der Fäden und reihen somit den Stoff etwas ein. Sie müssen die Nahtzugabe dann nur noch behutsam in Form legen und können die Nahtzugabe umbügeln.

Saum

Schulterschmeichler: Saum quer absteppen
Den Saum rechts auf rechts nach außen auf die rechte Stoffseite umklappen, 2 cm vom Rand entfernt absteppen.
Den Saum wieder nach innen wenden und die Säume ringsum von Hand oder mit der Maschine von außen unsichtbar festnähen.

Schlaufe

Bei manchen Kleidungsstücken wird als Gegenstück für einen Knopf oder Haken statt Knopfloch) eine Garnschlaufe gefertigt. Dazu von Hand direkt an der Kante, wo die Schlaufe platziert werden soll, eine U-förmige Garnschlaufe nähen. Die Schlaufe soll so groß sein, dass der Knopf oder Haken gerade durchpasst. Noch 1-2 weitere Garnschlaufen nähen und die Schlaufen deckungsgleich aufeinanderlegen. Mit Nadel und Faden durch die Schlaufen stechen, in die neue kleine Schlinge einstechen und den Faden festziehen. Diesen Vorgang so oft wiederholen, bis die Schlaufe komplett mit Schlingen umstochen ist.

Schrägstreifen

Schrägstreifen benutzt man, um offene Ränder einzufassen, oft auch runde Nähte. Damit sich an den Rundungen der Streifen sauber legt, muss er schräg zugeschnitten werden.

Zuschnitt im schrägen Fadenlauf

Legen Sie den Stoff wie ein Dreieckstuch mit geraden Kanten aufeinander. Dann schneiden Sie diese lange Kante auf, es ergibt sich die Schnittkante des ersten Schrägstreifens.

Verarbeitungsarten

Bügeln Sie nun nur an einer Kante des fertig zugeschnittenen Schrägstreifens die Nahtzugabe von 1 cm nach innen um. Die nicht umgebügelte Seite steppen Sie rechts auf rechts in 1 cm Breite an die Kante. Bügeln Sie vorsichtig die Nahtzugabe auseinander und den Schrägstreifen dabei nach innen. Stecken Sie ihn fest und steppen ihn mit einer zweiten Naht schmalkantig ab. Von rechts ist lediglich die Naht sichtbar.

Bei dieser Möglichkeit sehen Sie den Schrägstreifen von beiden Seiten als dekorativen Abschluss wie z. B. am Saum des Mädchenjankers. Hier bügeln Sie nun den Streifen zuerst der Länge nach zur Hälfte und dann an einer Seite 1 cm Nahtzugabe nach innen. Auch hier nähen Sie den Streifen rechts auf rechts mit der offenen, nicht umgebügelten Seite in 1 cm Breite an die Kante, bügeln Sie vorsichtig diese Naht und schneiden Sie evtl. die Rundungen ein.

Klappen Sie den Schrägstreifen nach innen und legen ihn bis zur eben genähten Naht. Nicht darüber hinaus! Stecken Sie den Schrägstreifen fest. Wenn Sie nun von links den Streifen mit einer zweiten Naht schmalkantig absteppen, liegt diese Naht auf der Vorderseite ordentlich auf dem Schrägstreifen.

Hinweis: Schrägstreifen müssen nicht versäubert werden!

Schrägstreifen Anfang und Ende

An den Blusen werden die Ausschnitte mit einem Schrägstreifen versäubert, der gleichzeitig einen Tunnel für den Gummizug bildet. Der Gummi kann durch die Öffnung in der Rückenmitte eingezogen werden, wenn man die Schrägstreifenenden dort aneinandertreffen lässt. Nahtzugabe von 2 cm nur nach oben klappen und darübersteppen. Beim Wenden und feststeppen durch die zweite Naht bleibt die Öffnung in Höhe des Schrägstreifens erhalten!

Steppen
Das Nähen mit der Nähmaschine im Steppstich bezeichnet man als steppen. Arbeiten Sie mit nicht zu kleinen Stichen. Das Auftrennen wird sonst sehr mühsam. Den Beginn und das Ende einer Naht sichern Sie mit einigen Rückstichen. Schmalkantig absteppen bedeutet sehr nah an einer Kante oder Naht zu steppen.

Stoffbruch
Stoffe liegen oft ca. 140-150 cm breit. Damit diese leichter zu handhaben sind, werden sie der Länge nach in der Mitte zusammengefaltet. Diese Faltstelle ist der Stoffbruch. Bei einigen Teilen (z. B. Cape, Blusen) ist es sinnvoll, 2 Stoffbrüche zu legen. Dazu wird der Stoff erst aufgefaltet, dann werden die beiden Webkanten des Stoffs so nach innen geschlagen, dass sie sich in der Mitte auf dem ursprünglichen Stoffbruch treffen.

Strichrichtung
Bitte beachten Sie, dass Samt, Zottel- oder Wollplüsch eine Strichrichtung hat. Legen Sie alle Teile mit dem Saum nach unten in Strichrichtung. Prüfen Sie vorher durch „Streicheln des Stoffes".

Versäubern
Um die Kanten des Stoffes vor dem Ausfransen zu schützen, müssen sie versäubert werden. Eine einfache Möglichkeit ist, über die Kanten mit einem weit eingestellten Zickzack-Stich zu nähen. Legen Sie das Stoffteil so unter das Nähfüßchen, dass die Nadel links in den Stoff sticht, rechts knapp an der Schnittkante verbeisticht. Man kann vor dem eigentlichen Nähen alle Teile versäubern. Es gibt auch Fälle, in denen man die Nahtzugaben beider Teile zusammen versäubern kann. Dies spart einen Arbeitsgang.
Die professionelle Methode ist das Versäubern mit einer Overlock-Maschine. Sie schneidet die Kante ab und sichert sie mit einem elastischen Stich.

Verstürzen
Sie können Kanten mit Schrägstreifen versäubern, umbügeln und schmal absteppen oder Sie können ganze Teile verstürzen. Es ist eine sehr ordentliche Art und Weise, Kanten zu versäubern. Sie müssen jedoch etwas mehr Stoff investieren. Das zu verstürzende Teil muss nämlich nochmals zugeschnitten werden – oft nicht so lang wie das Original (oft genügen schon 3-5 cm Breite). Dann werden beide Teile rechts auf rechts aufeinandergenäht und gewendet, sodass die Nahtzugabe innen liegt und auf der rechten Seite die Naht kaum zu sehen ist. Siehe hier auch die Vorderteil- und Rückenteilbelege des Kuhkleides oder des Trägerrocks für Kinder. Das Wendecape wird z. B. an allen Kanten verstürzt – und kann anschließend von beiden Seiten benutzt werden.

Webkanten
Die Kanten rechts und links des Stoffes nennt man Webkanten. Es sind die Ränder des Stoffes, die beim Weben entstehen. Webkanten sind stabil und gerade und müssen nicht mehr versäubert werden.

Zuschneiden
Beim Zuschneiden von Bekleidung liegt der Stoff meistens doppelt, „im Bruch". Die mit „Fadenlauf" markierte Linie im Schnitt läuft immer parallel zu den Webkanten und zum Bruch. Stecken Sie die Schnittteile mit der angeschnittenen Nahtzugabe möglichst stoffsparend auf und schneiden Sie an den Kanten der Papierschnitte entlang den Stoff aus. Sie können die Papierschnitte auch mit Nähgewichten beim Zuschnitt beschweren.

Weitere Titel zum Thema „Nähen"

ISBN 978-3-7724-6718-9

ISBN 978-3-7724-6069-2

ISBN 978-3-7724-6079-1

ISBN 978-3-7724-5179-9

ISBN 978-3-7724-6591-8

ISBN 978-3-7724-6733-2

ISBN 978-3-7724-6734-9

ISBN 978-3-7724-6751-6

Jutta Kühnle hat nach dem Designstudium für eine Kinderbekleidungsfirma gearbeitet und sich anschließend mit einem eigenen kleinen Atelier selbstständig gemacht. Brautmoden, Herrenbekleidung und Sonderanfertigungen gehörten zu den Spezialgebieten des Betriebes. Die Liebe zur Kinderbekleidung ist jedoch geblieben und einmal im Jahr entwarf und fertigte die Designerin eine kleine Kollektion ausgefallener Kinderbekleidung in limitierter Stückzahl.

Zusammen mit ihrem Mann betreibt sie nun in Stuttgart-Berg ein kleines Hotel und legte 2009 den Grundstein für einen kleinen Dirndlverleih, der sogar im Stuttgart-Roman „Brezeltango" in Erscheinung tritt.

Die Bayerin arbeitet unter dem Motto: „Der Tradition verbunden, dem Modernen aufgeschlossen."

Wir danken den Firmen Coats GmbH, Kenzingen, www.coatsgmbH.de; Westfalenstoffe AG, Münster, www.westfalenstoffe.de; Rayher Hobby GmbH, Laupheim, www.rayher-hobby.de, Prym Consumer GmbH, Stolberg, www.prym-consumer.com, Union Knopf GmbH, Bielefeld, www.unionknopf.com, Gütermann, Gutach-Breisach, www.guetermann.com für die Unterstützung bei der Herstellung des Buchs.

HILFESTELLUNG ZU ALLEN FRAGEN, DIE MATERIALIEN UND KREATIVBÜCHER BETREFFEN: FRAU ERIKA NOLL BERÄT SIE. RUFEN SIE AN: 05052/91 18 58*

*normale Telefongebühren

PROJEKTMANAGEMENT: Eva-Barbara Hentschel
LEKTORAT: Ute Wielandt
LAYOUT: Caroline Renzler, Welsberg-Taisten, Italien; Petra Theilfarth
FOTOS: frechverlag GmbH, 70499 Stuttgart; lichtpunkt, Michael Ruder, Stuttgart; fotolia/Dudarev Mikhail (S. 8); fotolia/Jens Klingebiel (S. 28); fotolia/Kurt de Bruyn (S. 44); fotolia/Fotofreundin (S. 72); fotolia/Pascal Müller (S. 102)
MAKE-UP: Jutta Diekmann, Diekmann face-art, Ludwigsburg
DRUCK UND BINDUNG: Himmer AG, Augsburg

Materialangaben und Arbeitshinweise in diesem Buch wurden von der Autorin und den Mitarbeitern des Verlags sorgfältig geprüft. Eine Garantie wird jedoch nicht übernommen. Autorin und Verlag können für eventuell auftretende Fehler oder Schäden nicht haftbar gemacht werden. Das Werk und die darin gezeigten Modelle sind urheberrechtlich geschützt. Die Vervielfältigung und Verbreitung ist, außer für private, nicht kommerzielle Zwecke, untersagt und wird zivil-und strafrechtlich verfolgt. Dies gilt insbesondere für eine Verbreitung des Werkes durch Fotokopien, Film, Funk und Fernsehen, elektronische Medien und Internet sowie für eine gewerbliche Nutzung der gezeigten Modelle. Bei Verwendung im Unterricht und in Kursen ist auf dieses Buch hinzuweisen.

1. Auflage 2011   PRINTED IN GERMANY
© 2011 **frechverlag** GmbH, 70499 Stuttgart

ISBN 978-3-7724-6742-4 • Best.-Nr. 6742